PAIX — TRAVAIL — LIBERTÉ

CHEZ LES JAUNES

Ce que nous avons fait,
Ce que nous voulons :
« AGIR »

PAR

LE CONSEIL FÉDÉRAL

DE LA FÉDÉRATION SYNDICALE DE L'INDUSTRIE TOURQUENNOISE

PARIS

LIBRAIRIE PLON

PLON-NOURRIT ET Cie, IMPRIMEURS-ÉDITEURS

8, RUE GARANCIÈRE — 6e

1906

Tous droits réservés

PAIX — TRAVAIL — LIBERTÉ

CHEZ LES JAUNES

Ce que nous avons fait,
Ce que nous voulons :

« AGIR »

PAIX — TRAVAIL — LIBERTÉ

CHEZ LES JAUNES

Ce que nous avons fait,
Ce que nous voulons :

« AGIR »

PAR

LE CONSEIL FÉDÉRAL

DE LA FÉDÉRATION SYNDICALE DE L'INDUSTRIE TOURNAISIENNE

Henri Dequenne
Président de l'Union fédérale de filature.

Henri Champs
contrôleur de la Caisse de chômage.

Ernest Deruelle
Secrétaire général de la Fédération.

Théodore Dujardin
vérificateur de la Caisse de chômage.

François Lommondie
Président de l'Union fédérale de tissage,
Président de la Fédération.

Arthur Douez
Président de l'Union fédérale de travail préparatoire.

Jules Scheusart
Contrôleur de la Caisse de chômage.

PARIS
LIBRAIRIE PLON
PLON-NOURRIT ET Cie, IMPRIMEURS-ÉDITEURS
8, RUE GARANCIÈRE — 6e

1906

Tous droits réservés

PAIX — TRAVAIL — LIBERTÉ

CHEZ LES JAUNES

Ce que nous avons fait,
Ce que nous voulons :

« AGIR »

PAR

LE CONSEIL FÉDÉRAL

DE LA FÉDÉRATION SYNDICALE DE L'INDUSTRIE TOURQUENNOISE

PARIS

LIBRAIRIE PLON

PLON-NOURRIT ET Cᵉ, IMPRIMEURS-ÉDITEURS

8, RUE GARANCIÈRE — 6ᵉ

1906

PRÉFACE

Ami Lecteur,

Vous ne trouverez ici ni phrases, ni théories, ni attaques contre les personnes, mais des œuvres, des discours ouvriers, des résultats.

Nous racontons simplement nos insuccès, nos luttes, nos persécutions et nos triomphes.

Bref, vous assisterez à une représentation cinématographique de notre vie syndicale.

Le Conseil fédéral :

François LOTTE
Ouvrier de tissage,
Président de la Fédération
et de l'Union fédérale de tissage.

Arthur DUMEZ
Ouvrier de peignage,
Président de l'Union fédérale
du triage et peignage.

Henri DUQUESNE
Ouvrier de filature,
Président de l'Union fédérale
de filature.

Ernest DEGUESELLE
Ancien contremaître
de filature,
Secrétaire général de la Fédération.

CHEZ LES JAUNES

PREMIÈRE PARTIE

CHAPITRE PREMIER

Comment nous nous sommes organisés. — Sous la terreur. — Raclées sociales. — Trois semaines de siège. — La Fédération. — Études syndicales. — Bâtons dans les roues. — L'inquisition. — Courrier de ces dames. — La défense de nos idées. — L'hostilité administrative.

En débutant, il est important de bien préciser notre situation vis-à-vis du Groupement national des Jaunes de Paris.

Notre organe syndical *le Petit Jaune* paraît depuis six ans. Contemporains des premiers syndicats de Montceau-les-Mines et du Creusot, nous existions avant les groupements parisiens.

Nous sommes restés indépendants.

Décidés à favoriser toute action antisocialiste, nous avons répondu à toutes les invitations qui nous furent faites d'assister aux congrès organisés par la Fédéra-

1

tion nationale, avec laquelle nous avons toujours entre-
tenu d'excellentes relations. Les rapports des congrès
montrent la part que nous avons prise aux délibérations.

Le 27 mars 1902 s'ouvrait au Salon des familles,
avenue de Saint-Mandé, à Paris, le premier congrès
national des Jaunes de France.

Par une délicate attention, le *Secrétaire général* voulut,
dans la séance secrète qui a terminé le congrès, recommander lui-même notre organisation à l'attention des
délégués ; voici ses paroles :

« Je suis très heureux que notre excellent et vaillant
ami, secrétaire de nos Unions fédérales de Tourcoing,
qui représente à ce congrès 105 syndicats légalement constitués, prenne la parole dans ce débat. J'ai
pu me rendre compte personnellement de l'admirable
organisation des Syndicats de Tourcoing et des précieux avantages qui en résultent, pour me porter
garant de l'intérêt que le congrès va porter au récit
de notre ami.

« Je suis convaincu que, tous, vous recueillerez en
ce récit de précieux renseignements, tant au point de
vue de la défense de vos syndicats contre les préten-
tions de pouvoirs publics malveillants, qu'en faveur des
œuvres utiles à créer.

« En entendant ce récit, nous reporterons notre souvenir sur nos vaillants amis : *François Lotte, Henri
Duquesne, Arthur Dumez,* qui secondent avec tant de
dévouement notre ami dans sa tâche ». (*Compte rendu,
p. 132.*)

Le camarade *Charles Caille,* délégué de Saint-Quentin,
qui présidait, nous donna la parole pour lire le Rapport suivant :

CONGRÈS DES **27, 28** ET **29** MARS 1902

Rapport des Syndicats unis dans les Unions fédérales de triage et peignage, de filature et de tissage de Tourcoing.

LA FONDATION

Dans les derniers mois de l'année 1899, la terreur régnait à Tourcoing, les Syndicats rouges avaient décidé la grève générale, les bandes de grévistes sillonnaient la ville, les honnêtes ouvriers qui voulaient travailler se voyaient poursuivis, exposés à des *reconduites*, à des *raclées dites sociales*, et plusieurs de nos camarades se ressentent encore des mauvais traitements que leur ont fait subir les meneurs de la grève.

Une voix. — Les Peaux-Rouges à Millerand.

La liberté du travail n'existait plus et dans un établissement en face de l'hôtel de ville, pour continuer à travailler, une poignée d'ouvriers ont dû s'enfermer trois semaines durant nuit et jour dans leur usine, comme dans un *fort Chabrol social* d'où devait sortir la liberté. C'est là qu'ils couchaient sur des déchets de laine, c'est là qu'ils prenaient leurs repas, qu'ils travaillaient, tandis que dans la rue hurlait la foule ameutée contre eux.

La cause de cet état de choses, c'est que seuls les Rouges étaient organisés, les braves ouvriers, eux, se sentaient isolés, et n'osaient faire part de leurs craintes à leurs camarades, tous se défiaient les uns des autres, craignant les reconduites et les raclées. C'est ainsi qu'une poignée de meneurs faisait manifester en ville des masses de braves ouvriers, qui chantaient, la mort dans l'âme, l'*Internationale* et la *Carmagnole*.

M. Caille. — Nous les avons entendus aussi, nous, ces gueulements-là. *(Applaudissements.)*

Après quelques mois de trouble et d'agitation, quand enfin le calme fut rétabli, quelques ouvriers se réunirent et étudièrent un système d'organisation qui leur permît de résister aux meneurs rouges. Ils décidèrent de se constituer légalement en syndicat et le 23 mai 1900, la Fédération syndicale de l'industrie tourquennoise déposait ses statuts à l'hôtel de ville. Une commission d'organisation fut nommée; elle comprenait un membre de chacune des grandes branches de l'industrie tourquennoise, soit : triage et peignage, la filature et le tissage.

Tous s'accordaient pour reconnaître que dans les grandes assemblées, la grande majorité ne discute pas, qu'elle suit l'impulsion donnée soit par la tête, soit par les plus audacieux; la commission décida d'organiser de petits syndicats de trente membres, dans lesquels il serait facile de réunir des ouvriers exerçant tous le même métier, et par conséquent ayant les mêmes intérêts. Tous ces syndicats de trente membres devaient se relier ensuite entre eux dans chacune des trois catégories citées plus haut.

Pour faciliter le classement et en vue d'être en mesure de répondre à toutes les objections, ladite commission décida de faire imprimer des formules de demande, sur lesquelles chaque ouvrier désireux de faire partie de notre organisation syndicale inscrirait son état civil, son adresse et sa profession, le tout suivi de sa signature.

Ces demandes classées par profession nous ont permis de faire effectuer le dépôt des statuts de sept syndicats, le 23 octobre 1900, ce qui fut le point de départ de notre organisation actuelle.

Les statuts d'union fédérale entre ces syndicats ont été déposés comme suit :

Union fédérale de tissage, le 29 novembre 1900.
—   — de filature, le 15 décembre 1900.
—   — de triage et peignage, le 21 décembre 1900.

Chacune de ces trois unions fédérales avait comme président le membre de la commission d'organisation cité plus haut, lesquels membres se sont alors constitués en Conseil central de la Fédération. Depuis lors nous avons une augmentation continue et nous comptons actuellement cent deux groupements constitués et environ trois cents demandes qui attendent leur classement.

De la constitution.

Les demandes parvenues au bureau central sont classées d'abord par profession et ensuite par quartiers; quand dans un quartier on réunit suffisamment de demandes de la même profession pour constituer un groupe syndical, que le siège a été désigné et la commission nommée, le dépôt des statuts est aussitôt effectué, conformément à la loi, et le syndicat peut commencer ses travaux. La première réunion de chaque groupement est toujours réservée à l'installation du bureau, à la lecture et à l'approbation des statuts par tous indistinctement; tous les syndiqués sont tenus de signer un exemplaire qui est conservé aux archives du Syndicat; les membres des syndicats fédérés ne sont définitivement admis qu'après avoir

donné cette signature. Il est alors remis au syndiqué
un livret sur lequel le payement des cotisations sera
contrôlé; ce livret renferme en outre : 1° le texte de la
loi du 21 mars 1884 sur les syndicats; 2° les statuts
d'union fédérale; 3° les statuts de syndicat. Il porte
l'adresse du titulaire, son numéro d'ordre d'inscription
à l'Union fédérale de sa profession, le numéro d'ordre
de son Syndicat; il est revêtu des signatures du président de l'Union fédérale et du président du Syndicat
ainsi que des cachets du bureau central d'Union et
de Syndicat.

De l'autonomie des Syndicats.

Chaque syndicat fédéré jouit de son autonomie, il
possède sa caisse, gère ses affaires lui-même, sans
aucun contrôle, et n'est tenu à rendre compte au conseil d'Union fédérale que pour les questions d'intérêt
général, ou pour les questions mises à l'ordre du
jour, sur la demande du conseil d'Union fédérale.

Du service des réclamations et des plaintes.

Comme la chose est prévue aux statuts d'Union
fédérale, chaque fois qu'une plainte ou une réclamation est faite par un syndiqué en réunion de syndicat,
la commission du Syndicat, assistée du conseil syndical,
juge la question et examine si la plainte ou la réclamation est bien fondée. En ce cas, elle la transmet au
bureau central, où le secrétaire général la transcrit
pour la remettre au président du conseil de conciliation, qui se charge de la faire parvenir au patron
contre lequel la réclamation ou la plainte se produit;
de cette manière, l'ouvrier est à couvert de la mise à
l'index ou de la vengeance soit d'un contremaître,

soit d'un surveillant en faute ou même du patron; ce
système, qui a fonctionné plusieurs fois, a donné
d'excellents résultats. En dehors des réunions syndicales, pour les cas urgents, tout syndiqué peut aviser
directement son président, ou même le bureau central,
qui fait aussitôt le nécessaire.

*De l'étude des questions générales et des travaux des
syndicats, au point de vue professionnel.*

Pour faire étudier une question à fond et avoir la
certitude que tous, indistinctement, aient collaboré au
travail, que toutes les idées soient recueillies, enfin
pour que nos travaux ne soient pas les travaux d'une
commission ou de gens intéressés à pousser telle ou
telle idée, mais le travail des syndiqués, voici comment nous procédons pour l'étude :

La question est mise à l'ordre du jour dans toutes
les réunions syndicales; là, chacun émet son idée; ces
idées sont discutées et mises aux voix. Un procès-verbal est rédigé et copie en est adressée au président de
l'Union fédérale; muni de ces documents, le président
de l'Union fédérale rassemble tous les présidents des
syndicats, ces présidents doivent se faire accompagner
chacun d'un membre de la commission de son syndicat; là, les rapports des syndicats sont étudiés et ré-
sumés en un rapport général; chacun de ces trois rapports généraux (un par Union fédérale) est présenté
au conseil central, qui rédige un projet de rapport dé-
finitif; le projet est ensuite soumis au contrôle de la
réunion de toutes les commissions des syndicats fédérés; on y note toutes les observations complémen-
taires, pour les soumettre à l'approbation de l'assemblée générale de tous les membres des syndicats fédé-

rés. Cette assemblée est appelée à voter au scrutin secret. Ce vote se fait de la manière suivante : chaque membre présent reçoit une enveloppe contenant deux bulletins de couleur différente; avant le scrutin on désigne la couleur qui, étant mise dans l'enveloppe, sert à voter *pour le rapport* et celle qui servira à voter *contre,* les enveloppes sont ramassées cachetées et on demande des scrutateurs de bonne volonté dans l'assemblée pour faire le dépouillement.

C'est ainsi que notre règlement d'ordre intérieur, qui prévoit *les cas de grève,* menace de grève, etc., a été voté à l'Assemblée du 15 août 1901; que le rapport sur le projet de loi sur la *Caisse de retraites* a été voté le 15 septembre, et que le rapport sur les *conséquences de l'application de la loi de dix heures et demie* a été voté le dimanche 2 février 1902 en présence des représentants de la Bourse du travail indépendante (1). Ce dernier rapport, revêtu des signatures de tous les présidents et présidentes de Syndicat et des signatures des présidents des Unions fédérales légalisées par la mairie de Tourcoing, a été présenté à M. le Maire de Tourcoing par les présidents des trois unions fédérales, le 14 février dernier; il a été adressé à M. le Préfet du Nord, et à la Bourse indépendante du travail pour que celle-ci le présente, en notre nom, aux autorités compétentes.

M. PERSE. — Voilà de bon travail. *(Applaudissements.)*

Les difficultés à surmonter et les causes de nos succès.

Dès le début nous avons eu à surmonter des difficultés de toutes sortes :

_____

(1) Assemblée générale à laquelle assistait M. Biétry.

1° *De la part de la police.* — Quelques semaines après le dépôt des statuts de nos premiers groupements, la police s'est livrée à des enquêtes vexatoires, tous les membres des commissions de syndicats ont été appelés devant MM. les commissaires de police comme de vulgaires malfaiteurs, pour donner un tas d'explications; ce qui était plus grave pour ces ouvriers, c'est que l'agent chargé de les aviser allait aux usines leur intimer l'ordre d'avoir à se présenter séance tenante ou de telle heure à telle heure chez le commissaire, lequel, après les avoir questionnés, leur remettait deux feuilles jaunes avec en-tête du ministère du Commerce, pour les remplir, et exigeait que ces feuilles leur fussent retournées remplies dans un délai relativement court; les ouvriers perdaient ainsi du temps pour lequel ils n'étaient pas payés, et, d'autre part, s'exposaient à des remontrances de la part des contremaîtres, parce que le travail se trouvait désorganisé; la chose en vint au point que personne ne voulait plus accepter de faire partie d'une commission.

Nous avons consulté le Musée social de Paris, qui a transmis notre plainte au Ministère et nous a répondu que les commissaires de police n'ont aucun droit de nous faire remplir ces feuilles, mais qu'il est de notre avantage de le faire, car ces renseignements ne servent qu'à la confection de l'*Annuaire des syndicats;* il nous avisait en même temps que les commissaires nous ayant causé tous ces ennuis seraient réprimandés et que des ordres seraient donnés aux préfets pour qu'à l'avenir les feuilles ne soient remises qu'au domicile des présidents et reprises quand ceux-ci auraient eu le temps matériel de répondre.

Muni de ce document nous avons adressé, le

2 mars 1901, à M. le commissaire central, la lettre dont voici le texte :

« *A M. le commissaire central de la ville de Tourcoing.*

« Monsieur,

« Depuis quelques semaines, les présidents et secrétaires des syndicats faisant partie de nos unions fédérales sont considérablement dérangés de leur travail par des agents qui les appellent chez les commissaires de police, pour renseignements concernant leurs syndicats; plusieurs de ces agents ont même fait des menaces aux présidents et secrétaires qui disaient n'avoir pas le temps de se déranger pendant les heures de travail.

« Nous avons consulté *le Musée social* de Paris à cet effet; et voici la réponse que nous avons reçue :

MUSÉE SOCIAL
5, rue Las-Cases.
PARIS

. . . .

« Les commissaires de police n'ont aucun droit de
« vous faire remplir des feuilles imprimées, mais il est
« de votre intérêt de le faire, ces renseignements ser-
« vant à la confection de *l'Annuaire des Syndicats.*

« *Signé :* Léon DE SEILHAC,
« Délégué permanent du Service industriel et ouvrier. »

« En conséquence, nous venons vous prier, monsieur le commissaire central, de donner des instructions

pour que l'on ne dérange plus à leur travail les
présidents et secrétaires de nos syndicats; ceux-ci
seront très heureux de continuer à donner aux commissaires de police tous renseignements utiles, mais à
la condition qu'on ne les dérange plus à leur travail,
et que les agents leur portent à domicile les feuilles à
remplir et les reprennent quand elles seront remplies.

Agréez, etc. »

Suivent les signatures des trois présidents d'union
fédérale.

(Très bien ! très bien !)

Les syndicats de femmes s'étant formés, la persécution a recommencé, des agents ont fait des menaces à
des présidentes de syndicats qui ont averti immédiatement le conseil central avant de se rendre à l'invitation de M. le commissaire; le conseil leur a dit de
retourner purement et simplement à leur travail, et a
adressé, le 20 mars 1901, à M. le commissaire central
la lettre dont voici le texte :

« *A M. le commissaire central de la ville de Tourcoing.*

« Monsieur,

« J'ai l'honneur de vous confirmer la lettre collective,
que vous, présidents des Unions fédérales de tissage,
de filature et de triage et peignage, vous adressions le
2 mars dernier, au sujet des dérangements continuels
occasionnés aux membres des commissions des syndicats, faisant partie de nos unions fédérales, pour les
renseignements demandés par les commissariats de
police

« A ce sujet, j'ai à vous signaler les faits suivants :
M. le commissaire du II⁰ arrondissement, rue Nationale,
envoie ses agents chez les membres des commissions
pour leur intimer l'ordre de passer à son bureau pour
prendre les feuilles jaunes à remplir : ces agents em-
ploient même les menaces envers ceux ou celles qui ne
veulent pas se soumettre docilement à leurs injonc-
tions. Le fait s'est présenté pour les Syndicats : a
Guipure, la Draperie faisant partie de l'Union fédérae
de tissage, et pour les Syndicats : l'Étirage et le Doublage faisant partie de l'Union fédérale de filature.

« J'ai l'honneur de vous rappeler que, suivant les
termes mêmes de l'avis reçu du ministère du Commerce par le Musée social, il n'y a pour nos syndicats
aucune obligation de donner des renseignements et
que, comme nous vous le disions le 2 mars dernier,
les présidents et présidentes des syndicats faisant
partie de nos unions fédérales donneront volontiers
les renseignements qui leur seront demandés, mais à
la condition que les feuilles soient remises à leur domicile et reprises quelques jours après, quand ils auront
eu le temps matériel de les remplir en dehors les
heures de travail.

« Veuillez, s'il vous plaît, en aviser M. le commissaire
du II⁰ arrondissement et lui dire que les feuilles seront
remplies si elles sont remises à domicile.

« Agréez, etc.

« *Signé :* Pour le Conseil,
par le Président de l'Union fédérale de tissage. »

Depuis cette époque tout se passe régulièrement
avec la police.

Une voix. — Il n'y avait qu'à la mater !

2° *De la part de la presse.* — Nos progrès n'étaient pas de nature à plaire à certains journaux de la localité, aussi quelques-uns ont essayé de nous attaquer, pas toujours d'une manière bien méchante. Comme dès le principe tout notre programme pouvait se résumer en un seul mot : *agir*, nous avons décidé de ne rien laisser passer, mais en même temps, ennemis de la polémique stérile, nous avons résolu de nous servir de la LOI.

C'est ainsi qu'à chaque attaque, les présidents des Syndicats désignés répondaient, avec sommation d'avoir à insérer la rectification, et chaque fois il fallait recourir à un exploit d'huissier pour obtenir l'insertion aux lieu et place où avait paru l'attaque; la moitié au moins de nos Syndicats ont ainsi forcé les journaux qui les attaquaient à insérer leurs rectifications ou démentis. Il est arrivé qu'un journal, qui avait nommé onze syndicats de femmes pour annoncer qu'ils avaient déposé leurs statuts conformément à la loi, faisait suivre cette communication de commentaires peu obligeants; toutes les présidentes envoyèrent sommation d'avoir à insérer chacune une lettre de rectification. Le journal acculé demanda plusieurs jours pour insérer « le courrier de ces dames », comme il disait. D'autres fois, on refusait purement et simplement l'insertion, malgré la sommation par huissier; alors le tribunal correctionnel était saisi et appelé à rendre un jugement. Ce même journal vient d'être condamné, le 19 courant, à insérer, dans les vingt-quatre heures de la signification du jugement, une lettre à lui adressée par une présidente de syndicat.

Nous avons même sommé tous les journaux, amis comme adversaires, d'insérer une réponse à M. le

Maire de Tourcoing, parce que M. le Maire nous avait attaqués dans une lettre qu'il avait demandé d'insérer à tous les journaux de la localité.

Cette attitude ferme, jamais provocatrice, mais résolue de nous faire respecter par tous et par qui que ce soit, nous a valu la confiance des vrais travailleurs, de tous les gens d'ordre ; c'est là le vrai secret du développement de notre organisation syndicale et de nos succès ; car la troupe a confiance en ses chefs et les chefs ont confiance en leurs soldats.

M. GERBÉRON. — C'est comme cela qu'on fait de bonne besogne. »

La suite de notre rapport donnait quelques détails sur notre société de consommation, notre bureau de placement et notre journal syndical *le Petit Jaune*. Le compte rendu officiel dit (page 140) :

« *Lorsque le délégué de Tourcoing descend de la tribune, il est accueilli par les applaudissements unanimes du Congrès.*

Sur la proposition du camarade Caille, président, des félicitations sont votées au délégué de Tourcoing et à ses vaillants amis des Unions fédérales. »

La défense de nos idées.

Le premier travail d'ensemble de notre Fédération fut, en 1902, un rapport sur l'application de la loi *Millerand-Colliard*. On le trouvera au chapitre IV de la seconde partie de cet ouvrage page 124.

Ce rapport, nous avions voulu, avant de le lire au Congrès national des jaunes de Paris, le présenter à M. le Maire de Tourcoing, priant le Président de la commission du travail de vouloir bien, comme député, faire valoir nos conclusions à la Chambre. L'entrevue fut fixée au 14 février 1902. En sortant, nous rédigeâmes le procès-verbal dont nous avons envoyé copie conforme à M. le Maire, en le priant, avant sa publication, de vouloir bien rectifier les erreurs qui auraient pu s'y glisser involontairement. Voici la pièce.

Remise du rapport sur la loi de dix heures et demie à M. le Maire de Tourcoing.

Ayant reçu avis que M. le Maire les attendait le 14 février, de 11 heures à midi, le conseil s'est présenté à 11 heures et a été reçu par M. le Maire, entouré de MM. les adjoints Lecomte, Flament, Salembier et de M. Dramet, secrétaire.

Après quelques paroles échangées, le président de l'Union fédérale de Tissage déclare à M. le Maire qu'il vient, au nom des syndicats unis dans les unions fédérales, présenter au premier magistrat de la ville le rapport élaboré par les syndicats indépendants sur les conséquences de l'application de la loi de dix heures et demie. Il le prie, comme député, de vouloir bien appuyer ce rapport à la Chambre.

M. LE MAIRE déclare avoir lu attentivement le rapport qu'il a reçu précédemment des syndicats indépendants concernant les caisses de retraites; il y a dans ce rapport des observations très justes, il compte s'en servir quand la loi viendra à la Chambre.

Pour ce qui concerne ce nouveau rapport qu'on vient lui présenter, il s'étonne de voir protester contre une loi existante.

LE PRÉSIDENT DE LA FILATURE répond qu'après l'expérience faite de la réduction de douze à onze heures, cette protestation a pour but d'essayer de retenir, dans le pays, l'industrie et par conséquent le travail pour les ouvriers.

M. LE MAIRE croit qu'on exagère la situation, que les patrons gagnent moins qu'autrefois, mais qu'il est quand même d'avis qu'ils doivent appliquer la loi.

LE PRÉSIDENT DE LA FILATURE fait observer que la diminution des heures de travail amènera une diminution de salaire et que l'ouvrier, qui ne gagne déjà pas trop pour vivre, sera réduit à la misère.

M. LE MAIRE répond que pour cela les ouvriers n'ont qu'à résister et qu'ils obtiendront satisfaction.

LE PRÉSIDENT DU TRIAGE ET PEIGNAGE dit que l'application de la loi de onze heures lui a porté un préjudice annuel de 300 francs.

M. LE MAIRE. — Mais comment établissez-vous ce chiffre ?

LE PRÉSIDENT DU TRIAGE ET PEIGNAGE. — Je gagne 50 centimes par heure; lorsque la loi de onze heures a été appliquée, je n'ai pas pour cela reçu 55 centimes, de sorte que j'ai travaillé sur l'année 300 heures en moins, soit 150 francs. J'ai trois enfants qui travaillent et j'estime que chacun m'a rapporté 50 francs de moins dans l'année, ce qui fait bien 300 francs, qui ne me sont plus rentrés; sans compter que cet argent m'est absolument nécessaire, attendu que derrière les trois qui travaillent, il y en a encore huit qui ne sont pas encore en âge de travailler.

M. LE MAIRE. — Les patrons peuvent se contenter de plus petits bénéfices et donner plus aux ouvriers, vous avez une force avec laquelle vous pouvez imposer une augmentation.

LE PRÉSIDENT DE LA FILATURE répond : — Quand un épicier veut établir son prix de vente, il ajoute ses

frais généraux à son prix d'achat; si ces frais généraux sont trop élevés, le prix de vente est trop cher et
il conserve sa marchandise; de même, si on augmente
les frais généraux de l'industrie, son prix de vente
deviendra plus élevé que celui des concurrents étrangers, il ne vendra plus rien et fermera, ou il ira s'établir de l'autre côté de la frontière; dans l'un comme
dans l'autre cas, c'est le travail qui manquera pour
nos ouvriers.

M. le Maire dit que la crise industrielle est universelle et qu'elle est le résultat de la surproduction.

Le Président du Tissage dit que si une entente
internationale intervenait afin que tous les pays d'Europe soient soumis aux mêmes lois, quant à la durée
du travail, *il serait le premier à approuver la réduction,*
mais que le rapport proteste contre une diminution
en France *seulement*, ce qui exposerait notre industrie
à partir à l'étranger.

M. le Maire dit que lorsqu'on appliquera la loi
de dix heures, il sera facile, en supprimant le déjeuner
et le goûter, de faire deux équipes, et pour rattraper
les différences, supprimer les jours fériés.

Le Président de la Filature fait remarquer que
même avec la crise industrielle universelle, nous
serions en meilleure posture pour soutenir la concurrence et donner du travail aux ouvriers si notre industrie était moins chargée.

Il demande à M. le Maire si, comme député, il s'engage à prendre en main la défense de notre rapport.

M. le Maire fait remarquer que la chose lui est impossible : « Je me trouve, dit-il, en face de deux courants, les uns demandent huit heures, les autres dix
heures, et vous, vous en formez un troisième, vous êtes

les seuls dans toute la France à demander cela (1).

Le temps est passé, continue M. le Maire, où on faisait faire à l'ouvrier treize et quatorze heures par jour; il ne faut pas prendre l'homme pour une bête de somme, je crois qu'il doit être un peu mieux traité que cela. Oui, je crois que par des moyens combinés l'ouvrier pourra très bien, en travaillant dix heures et demie, subvenir efficacement à ses besoins. On essayera toujours avec la loi de dix heures et demie et on verra après.

Le Président du Tissage. — Vous ne croyez donc pas, Monsieur le Maire, que cette loi porte atteinte au travail national?

M. le Maire. — Il y a vingt ans, il n'y avait que nous, nous étions à la tête de l'Europe pour le commerce, maintenant, tous les pays marchent vers le progrès, de là les difficultés que nous constatons nous-mêmes.

Le Président du Tissage insiste pour que M. le Maire veuille bien prendre en main la défense des conclusions du rapport.

M. le Maire dit que la chose lui est impossible, parce qu'il se trouve en face de plusieurs courants opposés.

Le Président du Triage et Peignage demande à M. le Maire si, au sujet de l'apprentissage, il n'interviendrait pas et demande d'insister près de ses collègues de la Chambre pour qu'il n'y ait pas deux poids

(1) Nous ferons remarquer à nos lecteurs que si nous sommes les seuls, c'est que nous sommes près de la frontière, les mieux placés pour constater les inconvénients de la concurrence étrangère, et que pendant l'année qui vient de s'écouler, nous avons vu *passer en Belgique* des métiers sur lesquels *nous avons travaillé*. (N. D. L. R.)

et deux mesures et que tous les ouvriers, grands et petits, soient traités sur le même pied.

La loi de 1848 étant encore en vigueur, tous les hommes majeurs peuvent travailler douze heures, pendant que les femmes et les enfants mineurs ne pourront travailler que dix heures et demie; l'apprentissage des enfants en souffrira, car, si on organise des salles spéciales pour les hommes on pourra y faire travailler douze heures; les enfants ne pourront plus apprendre à travailler près d'ouvriers habiles; ils resteront dans des salles séparées jusqu'à dix-huit ans, et ne sauront pas encore travailler, parce que dans ces salles on leur donnera des travaux d'apprentis de manière à faire quand même de la production, en sorte qu'à dix-huit ans, quand ils pourront passer dans les ateliers d'hommes, ils ne seront encore que des apprentis et partiront faire leur congé sans avoir gagné leurs souliers; de plus, en bien des endroits, où les établissements ne sont pas assez importants pour faire deux catégories, on préviendra purement et simplement les jeunes ouvriers qui ne pourront pas faire leurs douze heures.

Pendant que les enfants de Tourcoing traîneront les rues sans trouver de travail, les étrangers, nos voisins, qui ont des usines chez eux, formeront de bons ouvriers qui viendront ici faire la concurrence aux ouvriers français, en infériorité en face des ouvriers étrangers qui auront tous les moyens de se perfectionner dans leur métier pendant que nos enfants, sans travail parce qu'ils n'ont pas dix-huit ans, ou tout au moins employés uniquement à des petits travaux, ne pourront commencer à apprendre véritablement à travailler qu'à dix-huit ans. Quand ils commenceront à gagner pour rapporter un peu, ils partiront au service; pendant ce temps-là, les Belges, qui se seront perfectionnés, deviendront premiers ouvriers, surveillants, contremaîtres ou employés, de sorte que tous les travailleurs français deviendront en France les tributaires des ouvriers étrangers. C'est pourquoi nous demandons : 1° que la loi de 1848 soit modifiée, afin que les hommes ne puissent travailler que onze heures au lieu de douze; 2° de surseoir à l'application de la loi de dix heures et demie pour les femmes et les enfants mineurs, afin que tous soient sur le même pied, pour protéger les travailleurs français et l'apprentissage de leurs enfants.

M. LE MAIRE dit qu'il n'avait jamais envisagé la loi à ce point de vue; il reconnaît que les idées émises par le Président du triage et peignage sont justes, et promet de saisir le Parlement de la question.

M. LE MAIRE demande ensuite pourquoi avoir un tas de petits syndicats, au lieu d'avoir trois grands syndicats correspondant aux trois Unions fédérales. Je sais, ajoute-t-il, qu'au moment où vous avez fondé vos premiers groupements, vous vouliez obtenir le plus de voix possible dans les Conseils du travail institués par le décret Millerand, mais comme depuis il n'en est plus question, je ne vois pas bien la nécessité de ces petits groupements.

LE PRÉSIDENT DE LA FILATURE répond que le système de petits groupements a été fait en vue de faciliter l'étude de toutes les questions, car dans les grandes assemblées on ne discute pas, on suit l'idée des plus audacieux ou des chefs qui prennent la parole; nous voulons que chacun ait la facilité d'émettre son opinion, de faire ses observations; nous sommes ennemis des meneurs, nous voulons que chacun puisse discuter librement et émettre ses idées, cela n'est possible que dans nos petites réunions de syndicat; toutes les idées et le résultat de ces délibérations sont recueillis par les commissions, lesquelles, en assemblée générale des commissions, réunissent toutes les idées, les classent et les rédigent. Cette méthode a donné d'excellents résultats dans le rapport sur la Caisse de retraites et le rapport sur l'application de la loi de dix heures et demie. Ces rapports ont été approuvés par les assemblées générales, qui ont été appelées à voter au scrutin secret, sous enveloppe cachetée; de cette manière, Monsieur le Maire, nous avons la certitude, non pas de faire prévaloir nos idées, mais de défendre les idées de tous nos syndiqués.

M. LE MAIRE dit ensuite : — J'ai bien volontiers entendu vos explications, maintenant j'aurais besoin de votre appréciation sur diverses questions professionnelles et notamment sur la Bourse du travail; me permettez-vous de vous convoquer pour vous demander votre avis?

LE PRÉSIDENT DU TRIAGE. — Bien volontiers, Monsieur le Maire, nous nous rendrons à votre convocation quand il vous plaira.

L'entrevue s'est terminée à midi.

Ce compte rendu fut reproduit par la presse locale et, le 12 mars, le *Journal de Roubaix* insérait la lettre que nous publions ci-dessous :

M. DRON ET LES SYNDICATS OUVRIERS INDÉPENDANTS. — Nous venons de recevoir de M. Dron la lettre suivante qui se réfère à un article du *Petit Jaune* que nous avons reproduit.

Tourcoing, le 10 mars 1902.

MONSIEUR LE RÉDACTEUR,

Vous avez reproduit dans votre numéro du 9 mars un extrait du *Petit Jaune* qui rapporte une prétendue conversation échangée entre les délégués des syndicats jaunes et moi, à l'hôtel de ville.

Je ne m'arrêterai pas à en discuter les termes : vos lecteurs seront suffisamment édifiés par la correspondance qui a précédé cette publication.

Je recevais à Paris, le 4 mars, à neuf heures du soir, la lettre suivante que me transmettait M. Émile Lecomte, adjoint :

Tourcoing, le 3 mars 1902.

MONSIEUR LE MAIRE,

La presse ayant avisé le public qu'une démarche près de vous avait été faite par les présidents des Unions fédérales pour la présentation du rapport des syndicats sur l'application de la loi de dix heures et demie, nous devons à nos syndiqués un compte rendu que nous voulons faire paraître dans notre organe le *Petit Jaune.*

Comme nous avons à cœur de reproduire exactement toutes choses, nous vous adressons en communication la copie avant de la remettre à l'imprimeur, en vous priant d'y faire les corrections nécessaires s'il y a lieu, pour le cas où nous aurions pu mal interpréter vos paroles, et de me retourner la copie, rue d'Anor, 24, pour le mercredi 5 courant, notre journal devant paraître le jeudi 6 au soir.

Je vous serais reconnaissant, en même temps, de me
faire, remettre quelques exemplaires de votre rapport
sur la Bourse du travail.

Agréez, Monsieur, l'assurance de mon profond
respect

Le président de l'union fédérale de tissage.

Signé : F. LOTTE.

Sur l'heure j'adressai à M. Lecomte la réponse suivante :

Paris, le 7 mars 1902.

Me voilà encore obligé de courir à la poste à onze
heures du soir (votre lettre m'est parvenue à neuf
heures) pour que vous puissiez recevoir demain mercredi, comme M. Lotte en manifeste le désir, ma
réponse au compte rendu qu'il voudrait publier de
notre entrevue.

Je crois inutile de vous retourner les feuillets com-
muniqués pour deux raisons dont la loyauté leur fait
un devoir de reconnaître le bien-fondé :

1° Notre conversation n'était pas destinée à la publicité. C'est comme député que ces trois délégués sont
venus me voir, ils ne peuvent arguer de la présence
toute fortuite, et du reste bien explicable, puisque
l'entrevue avait lieu à la mairie, en présence de trois
adjoints, pour lui donner un autre caractère.

2° Aucune note n'a été prise ni par eux, ni par moi,
de cette conversation et le compte rendu très détaillé
qu'ils en donnent a été forcément fait de chic, quoiqu'il ne me coûte pas de reconnaître que cet exposé
reproduit la plupart des points traités. Toutefois, tel
qu'il est présenté, cet exposé motiverait bien des

réserves et appellerait de nombreuses rectifications, sans que je songe à incriminer leur bonne foi.

Comme je n'ai pas l'habitude de me dérober, je m'expliquerai en public sur les points qui ont fait l'objet de notre entretien : la période électorale m'en fournira l'occasion.

Pour aujourd'hui, j'estime que la seule déclaration qui puisse être portée utilement à la connaissance de leurs lecteurs ou de leurs camarades, peut se résumer comme suit :

Les trois délégués ont insisté pour que je m'oppose à l'application de la loi qui va réduire la journée de travail à dix heures et demie.

Je m'y suis refusé parce que cette solution est contraire à mes convictions, à tous mes votes, au résultat de mes études sur la matière; j'ai même ajouté que si la chose était en mon pouvoir, ce n'est pas la journée de dix heures et demie, mais celle de dix heures qui serait immédiatement appliquée.

Veuillez, je vous prie, leur donner communication de cette lettre, en ajoutant que conformément à leur demande, quelques exemplaires de mon rapport sur la création de la Bourse du travail leur seront prochainement remis.

Bien à vous.

Signé : Gustave DRON.

Le 6 mars, M. Lecomte me faisait part de la visite de M. Lotte, à qui il avait donné connaissance de ma lettre; il ajoutait que M. Lotte avait compris la justesse de mes observations et paraissait disposé à ne pas donner suite à la publication projetée.

Jugez de ma surprise en lisant, samedi soir, dans

votre journal, le compte rendu tel qu'il m'avait été communiqué, et dont j'ai conservé les feuillets.

Je livre le procédé des délégués jaunes au jugement des hommes de bonne foi de tous les partis, sans prendre la peine de relever certains propos si peu vraisemblables que l'on m'a bénévolement prêtés dans ce compte rendu, qui, s'il fait bien allusion aux différents points traités, ne donne pas la physionomie vraie de notre entrevue. Ainsi, pour ne citer que le coup de la fin, j'espère qu'il ne se trouvera pas à Tourcoing de gogo assez naïf pour croire que j'aurai besoin de leur appréciation sur diverses questions professionnelles et notamment sur la Bourse du travail. C'est du travestissement qui sent la mi-carême et rien de plus.

Je devais une explication, elle est donnée. Quant à polémiquer avec les délégués des Syndicats Jaunes, s'il leur plaît de revenir à la charge, je ne m'en sens pas la moindre envie : j'en resterai donc là.

Veuillez agréer, Monsieur le Rédacteur, l'expression de mes sentiments très distingués.

Signé : Gustave DRON.

Le lendemain 13 mars, le *Journal de Roubaix* insérait notre réponse. La voici :

UNE RÉPONSE DES SYNDICATS OUVRIERS INDÉPENDANTS A M. DRON.

M. François Lotte, président de la Fédération des Syndicats ouvriers indépendants, nous a adressé ce jour la lettre suivante :

2

Tourcoing, le 11 mars 1902.

Monsieur le Rédacteur du « Journal de Roubaix ».

Dans votre numéro de ce matin vous publiez une lettre de M. le Maire dans laquelle je suis mis en cause : La loi me donnant droit de réponse en lieu et place où a paru la lettre en question, je vous adresse ci-inclus copie de la lettre que j'adresse à M. le Maire à ce sujet. J'espère que vous voudrez bien l'insérer, comme du reste vous avez inséré celle de M. le Maire.

Agréez, Monsieur le Rédacteur, mes bien sincères salutations.

François Lotte.

A Monsieur le Maire de la ville de Tourcoing.

Monsieur le Maire,

Les journaux de ce matin publient une lettre nous concernant que je ne puis laisser sans réponse.

1° La première partie de votre lettre datée de Paris 4 mars, ne m'a même pas été lue, ni communiquée, j'étais ignorant de ce qu'elle contenait. M. Lecomte m'avait dit, avant de me donner lecture du passage de la lettre qui a été reproduite : « Voici dans la lettre de M. le Maire le passage qui vous concerne », lequel commence par ces mots : « Pour aujourd'hui, j'estime, etc. » Une copie de ce passage de votre lettre m'a même été remise par M. Dramez, copie qui peut attester la vérité de ce que j'avance.

Quant à la publicité à donner, c'est la réponse au journal *l'Avenir*, qui, dans le numéro portant la date du 23 février, imprimait au bas de la première colonne de la troisième page, en parlant de l'entrevue : « Les Jaunes, sans doute, se chargeront de la *relever* dans leur organe spécial. »

Ce n'est donc pas comme député que nous vous avons présenté notre rapport, c'est bien au premier magistrat de la ville de Tourcoing que nous avons voulu le présenter, et nous l'avons prié, en deuxième lieu, d'intervenir comme député, la lettre d'audience du 7 février en fait foi ; en voici de nouveau copie :

Tourcoing, le 7 février 1902.

A Monsieur le Maire de la ville de Tourcoing.

Monsieur le Maire,

Le soussigné, président du Conseil des Unions fédérales et président de l'Union fédérale de tissage, a l'honneur de solliciter de vous une audience pour les présidents des trois Unions fédérales, lesquels vous remettront, avec les explications nécessaires, le rapport des Syndicats sur les conséquences de l'application de la loi de dix heures et demie.

Veuillez, s'il vous plaît, nous fixer le jour et l'heure où il vous plaira de nous recevoir.

Agréez, Monsieur le Maire, l'hommage de notre profond respect.

F. Lotte,
Rue d'Anor, 24.

Quant au deuxième point, vous dites : « Aucune note n'a été prise ni par eux ni par moi. » Au sortir de l'audience, afin de conserver un bon souvenir de votre accueil très cordial, nous nous sommes assemblés en

Conseil et, séance tenante, nous avons rédigé sous
l'impression de votre courtoise réception les notes
nécessaires pour en établir un compte rendu aussi
fidèle et aussi complet que possible.

Dans les explications que vous donnez au *Journal de
Roubaix*, vous dites que M. Lecomte, dans sa lettre
vous faisant part de ma visite, disait que j'avais compris la justesse de vos observations. A ce sujet je n'ai
fait aucune observation à M. Lecomte, trouvant qu'une
décision de cette importance ne pouvait être prise
qu'en réunion du Conseil. J'ai donc demandé de retarder
d'un jour l'impression du *Petit Jaune* et ai convoqué
le Conseil pour le soir même, et voici la décision qui a
été prise à ce sujet : « Nous devons à nos syndiqués
un compte rendu fidèle; comme nous avons été reçus
d'une façon très courtoise et que nous avons à cœur
de reproduire fidèlement notre entrevue, nous avons
eu la courtoisie d'adresser copie du compte rendu à
M. le Maire; il appartenait à celui-ci de rectifier les
inexactitudes, s'il en rencontrait, mais il ne lui appartenait pas de juger de l'urgence de la publication; ceci
nous regarde, nous sommes seuls juges de la nécessité
de publier. Notre organe nous appartient, il ne peut
appartenir à personne de nous dire ce que nous avons
à faire à ce sujet; nous sommes indépendants et voulons rester tels. »

Quant à ce passage : « J'espère qu'il ne se trouvera
pas à Tourcoing *de gogo assez naïf* pour croire que
j'aurai besoin de leur appréciation sur ces diverses
questions professionnelles et notamment sur la Bourse
du travail. C'est du travestissement qui sent la mi-
carême et rien de plus, » nous affirmons que vous
avez bien prononcé les paroles suivantes : « J'ai bien

volontiers entendu vos explications; maintenant j'aurai
besoin de votre appréciation sur diverses questions
professionnelles et notamment sur la Bourse du travail.
Me permettez-vous de vous convoquer pour demander
votre avis? » Nous avons pris ces paroles au sérieux
et en avons été très touchés; c'est pourquoi nous les
avons notées en sortant pour ne pas en perdre le texte,
car nous considérons qu'un magistrat dans l'exercice
de ses fonctions ne peut que parler sérieusement.

Agréez, Monsieur le Maire, l'hommage de mon profond respect.

F. LOTTE.

CHAPITRE II

NOTRE JOURNAL SYNDICAL

Création du *Petit Jaune*. — Un rédacteur inconnu. — Instruction sociale. — Causeries ouvrières. — La vie syndicale. — Le rôle des collecteurs.

Le 14 mai 1901 parut le premier numéro du *Petit Jaune*. Son siège social était dans une petite salle louée près d'un cabaret, 316, rue du Brun-Pain, en plein quartier ouvrier. Voici en quels termes le *Petit Jaune* exposait son programme :

A nos lecteurs.

« Les *Jaunes*, c'est-à-dire les honnêtes ouvriers qui veulent conserver à tout prix leur indépendance et leur dignité, sont nombreux à Tourcoing.

« Hier encore, ils n'étaient qu'une poignée, méprisés, découragés, sans influence. Après les grèves politiques, les raclées sociales, les conduites et la misère noire, ces travailleurs libres se sont groupés.

« Aujourd'hui, les petits groupes sont devenus des syndicats puissants, les *Syndicats libres*, dont l'action s'affirme au grand jour et dont le programme a beaucoup de succès parce qu'il répond à l'idée des ouvriers.

« Ce programme simple et loyal, le voici en deux

mots : *Les Syndicats libres sont des syndicats exclusivement professionnels.*

« Nous ne sommes d'aucun parti politique.

« Nous ne voulons plus que des politiciens nous mènent par le bout du nez.

« Nous n'attaquons personne, mais nous nous défendrons toujours, nous, nos camarades, nos syndicats, nos institutions, sans reculer jamais.

« Après la dernière Assemblée générale des ouvriers de filature, nos syndiqués ont demandé un petit journal *qui ne fasse pas de politique* envoyé à tous ceux qui versent leur cotisation.

« Voilà pourquoi *le Petit Jaune* paraît aujourd'hui. Vous le recevrez tous les mois, plus souvent quand nous pourrons.

« Nous n'avons pas usé beaucoup de culottes sur les bancs de l'école, nous ne savons pas faire de grandes phrases, mais notre *Fédération* a pris pour devise un petit mot de quatre lettres : *Agir*, et nous dirons simplement, chaque fois, ce que nous avons fait pour le bien de l'ouvrier.

PAIX — TRAVAIL — LIBERTÉ

« Voilà ce que nous voulons. Excluant la politique de nos colonnes, nous entendons nous renfermer uniquement dans la discussion sage et raisonnée des revendications ouvrières, dans l'étude et la poursuite des améliorations que peuvent comporter les intérêts représentés par les syndicats uniquement et exclusivement professionnels. »

« Le Petit Jaune. »

Le 19 mai 1901, à la *maison des ouvriers*, l'un des

locaux de la fédération, Arthur Dumez, gérant du *Petit Jaune,* présentait à ses camarades son nouveau-né :

CAMARADES !

La Fédération syndicale me charge de vous annoncer une bonne nouvelle : elle vient d'acheter un garçon ; on l'a déjà baptisé, il s'appelle *le Petit Jaune.*

Ah ! c'est un petit garçon qui n'a peur de rien. Il sait déjà parler, écrire, envoyer un baiser et faire la révérence aux camarades.

J'avais pensé lui faire afficher sur son dos *la Déclaration des droits de l'homme,* mais tous les camarades m'ont demandé que le petit *ne fasse pas de politique.* Y veulent seulement que je lui achète une petite casquette jaune avec une inscription dessus : *Paix, Travail et Liberté.*

C'est moi le parrain du *Petit Jaune,* le gérant, celui qui doit aller en prison si not' gosse fait des bêtises. Aussi je lui ai fait la leçon et je vais vous la répéter.

« Mon garçon, que je lui ai dit, y ne faut jamais attaquer personne ; oui, mais s'ils veulent te mordre, hardi, défends-toi, n'aie pas peur. L'huissier, les avocats, les procès, ça coûte, mais les camarades se priveront sur leurs salaires et ton parrain ira en prison s'il le faut pour défendre la *Paix,* le *Travail* et la *Liberté des ouvriers.*

« Mon garçon, tu ne feras jamais de politique ; la politique ça rapporte à l'ouvrier des grèves, du chômage, des *raclées sociales,* la misère noire ; c'est la politique qui a perdu Tourcoing.

« Mon garçon, tu n'iras pas dans les grands congrès où on cause beaucoup, pour ne rien dire ou faire des vœux.

« Notre fédération n'a qu'une idée : *agir* pour le bien

de l'ouvrier; tu n'useras pas beaucoup de culottes sur
les bancs de l'école, mais je te mettrai un peu en pension chez *l'Broûteux* pour apprendre bien l'patos
d'Tourco. »

Mon camarade Duquesne vous a raconté tout ce que
nous avons déjà organisé depuis un an. Au commencement, on nous a fait de la misère, nos camarades et
même nos enfants étaient persécutés par des gens qui
aiment mieux les Rouges que les Jaunes.

Alors le Syndicat du Creusot et les camarades de
Montceau nous ont envoyé leur journal *l'Impartial de
Saône-et-Loire* en nous disant qu'il fallait nous y abonner
et que la chose la plus importante, *c'est de changer par
la presse les idées des ouvriers.*

C'est vrai, et, si on ne le fait pas à Tourcoing, nous
sommes perdus. Voilà pourquoi la Fédération vous
demande à tous de soutenir *le Petit Jaune.*

Voulez-vous lui écrire, mettez la lettre dans sa boîte,
il la donnera à son parrain qui vous enverra un petit
mot de réponse.

Discrétion garantie, par ces moyens, nous arriverons
à réaliser notre programme

PAIX, TRAVAIL ET LIBERTÉ

et Vive *le Petit Jaune!*

Dès le troisième mois (4 juillet 1901), *Cho Babégneu*
commence ses *Parlaches*. Le vrai peut quelquefois
n'être pas vraisemblable, mais nous ignorons le nom
de ce collaborateur aussi intéressant que désintéressé.
Si ces pages tombent sous ses yeux, il y lira notre
merci. Quelques extraits donneront une idée de son
genre inimitable.

Parlache de Cho Babégneu.

A min copagnon l'Petit Dhionne

Y n'da qui saitent po quo dire su nous autres, n'treuffent rin de mi que d'nous traiter, y da qui a marvoitent d'atinte des saquos, comme cha ehbémi j'in su fin bénèche, vous n'savez po pouquo ehbé; le vla!

Sti qui nous insulte, ché passe qui n'sait po quo dire, ché facile de dire vorin, mais y n'osero po l'dire a n'importe thi d'nous autes in l'ommant sin nom; mais acore foro vire, sti qui récrit cha, ché presque seur in qui est mate de sin nom, et qui voro l'donner à l'zautes; mi j'dis sti qui cri ché passe qui coiche; et qui vo que les vrais ouvris, j'veux dire les ceux qui euftent, y ratheurtent à nous fédération du qu'in s'othupe d'eusse et d'leux intérêts, et que taleur tous les ceux qui boustent toudi l'zautes d faire grève y resteront touseu su l'carreau, cha chêtra l'pubelle grève qu'in arra jamais vue, l'grève des

Il y en a qui ne savent que dire contre nous et ne trouvent rien de mieux que de nous *insulter*. D'autres seraient contrariés de subir ces attaques, moi, j'en suis bien aise. Vous voulez savoir pourquoi? Le voici :

Celui qui nous insulte montre qu'il n'a pas d'autre argument pour nous répondre. C'est facile d'outrager en général, sans désigner personne en nous traitant de *vauriens*. Ceux qui nous outragent ainsi en général, n'oseraient appliquer cette injure à aucun des nôtres en l'appelant par *son nom*. Examinez et vite vous constaterez que notre insulteur est fatigué de porter le nom qu'il mérite et veut nous l'imposer, moi je dis : *S'il crie, c'est parce que ça lui fait mal.* Il constate que les vrais ouvriers, je veux dire ceux qui travaillent, accourent à notre Fédération où l'on s'occupe *de leurs intérêts*, il sent que bientôt tous ceux qui poussent les ouvriers à la grève vont *rester sur le carreau*. Ce sera la plus belle de toutes les grèves qu'on a jamais vues, la grève des broulles ménache, *ché adan qu'in tra trinthile!!!*

brouille ménage, c'est alors que l'on sera *tranquille.*

Cinq ans après, écoutons-le avec sa verve mordante nous dire ce qu'il pense de la journée d'*une heure vingt minutes* (juin 1906).

Enne heure vingt d'ouvrage!!!

Thion que j'ai vu cha, l'premire affaire que j'ai fait, cha a été d'in rire d'quo a attraper ma à min vinte.

Je n'pinsot pas qui arot jamais eu des gins assez nigueux, pour n'ardaler des pareilles, mais par après j'ai intindu des ouvris in paler sérieusemint, ch'est pour cha que j'mais dis, y faut que j'faiche in parlache la d'sus pour l' « Petit Dhionne » je m'treuffe presque obligi d'donner ces explications avant d'queminchi, à foche que j'arot peur, que les lijeux du « P'tit Dhionne », que ch'eest tus des hommes de comperdure y dirotent : « Cho Babégneu, y n'nous prind pos pour des innonchints y est toudi seur? d'nous parler des saquos insin, y dot bin savoir, que ch'nest pos à nous autes qui dos rinconter chà là. » Ch'n'est pos pour les Dhionnes que j'vas donner ichi m'navisse c'est foque pour leu donner d'quo à réponte à les ceux qui leux in parletent.

Quand j'ai vu cela, la première chose que j'ai fait a été d'en rire de quoi à en attraper la colique.

Je ne pensais pas qu'il y eût jamais des gens assez niais pour en avaler de pareilles, ce n'est qu'après avoir entendu des ouvriers en parler sérieusement que je me suis dit : *Il faut que je fasse une causerie là-dessus pour le « Petit Jaune. »* Je me trouve presque obligé de donner ces explications avant de commencer, parce que je craindrais que les lecteurs du *Petit Jaune,* qui sont des hommes de bon sens, ne disent : « Cho Babégneu, ne nous prend-il pas pour des imbéciles? Est-ce bien sûr? Nous raconter des choses pareilles; il devrait bien savoir que ce n'est pas à nous qu'il faut dire tout cela. » Ce n'est pas pour les Jaunes que je vais ici donner mon avis, je veux leur donner de quoi répondre à ceux qui leur en parleraient.

Les estatistiques!!

D'après les estatistiques, in ovrant tertu enne heure vingt minutes, pas enne heure vingt chinq, ni enne heure in quart, enne heure vingt minutes!!! in dot gaingni d'quo à viffe.

Je n'vas pos aller cachi dù et quo, qui a été erthour pour trouver enne heure vingt minutes, je n'vas forque erprinte ses paroles : « In ovrant tertu enne heure vingt minutes, in dot povoir viffe. » Mais pour cha, y forot que s'ti qui la dit y qu'minche li même par ouvrer enne heure vingt minutes, passe que ch'est in qui n'fout rin, y babelle gramin, et ché là tut s'n'ouvrache, et thion qui a bin babii et qui a tout rinconté ses bleus contes, y n'a pos produt d'quo à faire l'valeur d'un grain de blé, donc y n'a rin fait de chin qui faut pour viffe.

D'après les statistiques, en travaillant tous une heure vingt minutes, pas une heure vingt-cinq, ni une heure un quart : une heure vingt minutes!!! on doit gagner de quoi vivre!

Je ne veux pas rechercher les documents ni le lieu où on est allé les prendre pour trouver une heure vingt minutes, je ne veux examiner que le texte : « En travaillant une heure vingt minutes on doit pouvoir vivre. » Mais pour cela, il faudrait que celui qui lance cette idée commence par *travailler lui-même* une heure vingt minutes, parce que c'est quelqu'un qui ne fait rien, il babille beaucoup, c'est là tout son travail, et quand il a bien parlé et raconté tous ses mensonges, il n'a pas produit de quoi faire la valeur d'un grain de blé, donc il n'a rien fait d'utile à la vie.

Tous ceux qui devront ouvrer.

Y forot aussi que tous les gratteux d'papis du Gouvernemint qui n'produtent rin pour la vie y ovrautent aussi eusse tertu enne heure vingt minutes tous les jours, pour l'production, mais à l'plache, in n'sait

Il faudrait que tous les gratte-papiers du gouvernement qui ne produisent rien pour la vie s'occupent, eux aussi, une heure vingt minutes tous les jours à un travail de production. Au lieu pos quo *cachi*, pour *faire des nouveaux fonctionnaires qui n'produtent rin et qui doitent viffe sur l'deu des ouvris qui euffent, passe qui n'a foque les ceux qui produtent enne saquo qui assistent à povoir viffe.*

Y forot aussi que tus les soldats, les gendarmes, les garde champettes, les implois des Douanes, les employés d'octro et tus la sequelle des gins qui sont là pour chuchi les doupes des ouvris y frontent, tous les jours pendant enne heure vingt minutes enne saquo qui rapporte.

Y forot même que ce lóóó d'enne heure vingt minutes par jour d'ouvrache, pour faire enne saquo, elle s'applique au Président d'la République, à les Mousis les Minisses, à les Députés, à les Sénateurs, à les juches, à les greffis, à les avoués, à les avocats et à tous la séquelle des préfets, sous-préfets, les Monsi l'Maire et à tous les ceux qui brattent du papis vin l'zadministrations.

Ch'nest pos tus, pour tertu, armarthi bin tertu, ovrer enne heure vingt minutes par jour, y foro aussi que les femmes et les afons, depus qui sont v'nus au monte, y produrautent d'l'ouvrache pindant enne heure vingt minutes, tous les jours. Mais

de cela, on ne sait quoi chercher pour trouver à créer de nouveaux fonctionnaires qui ne produiront rien et devront vivre sur le dos des ouvriers qui produisent, car il n'y a que les ouvriers producteurs qui aident à la vie.

Il faudrait aussi que tous les soldats, les gendarmes, les gardes champêtres, les employés d'octroi et toutes les catégories de gens ne vivant *que des impôts* fassent tous les jours pendant une heure vingt minutes quelque chose qui rapporte.

Il faudrait même que cette loi de une heure vingt de travail par jour à la production de choses nécessaires, soit appliquée au *Président de la République, à messieurs les ministres, aux députés, aux sénateurs, aux juges, aux greffiers, aux avoués, aux avocats* et à toute la série des préfets, sous-préfets, maires, et à tous ceux qui gâtent du papier dans les administrations.

Ce n'est pas tout, pour tous travailler (remarquez bien, *tous*) une heure vingt minutes par jour, il faudrait aussi que les femmes et les enfants depuis qu'ils sont venus au monde produisent de l'ouvrage pendant une heure vingt minutes tous les jours;

malheureusemint les afons n'peutent foque queminchi à ovrer, que thion qui ont 13 ans. Qu'min qu'in devrot faire adam? sinon que les mopéres qui sont les gaingneux des familles, y ovrautent autant d'fos enne heure vingt minutes qui n'a d'gins vin leur majon?

mais malheureusement les enfants ne peuvent commencer à travailler qu'à l'âge de treize ans, comment ferait-on alors? A moins que les pères qui sont les gagneurs des familles travaillent autant de fois une heure vingt minutes qu'il y a de personnes dans leur maison.

Tous les articles du *Petit Jaune* sont exclusivement professionnels; il n'y est question ni des événements politiques, ni de courses, accidents, crimes, chiens écrasés ou lapins volés. Toujours dans le même ordre, les syndiqués trouvent en première page, première colonne, une courte leçon d'instruction sociale par demandes et par réponses, puis une causerie familière sur les événements syndicaux, les questions mises à l'étude, les intérêts économiques; vient ensuite le *Parlache de Cho Babégneu*, les procès-verbaux des réunions des commissions syndicales, les questionnaires adressés par le Conseil fédéral pour solliciter des syndicats leur avis sur les problèmes professionnels, les comptes rendus des assemblées générales, un dialogue ouvrier et enfin les annonces de la société de consommation. Quelques extraits donneront au lecteur une idée du genre.

(*Le Petit Jaune*, janvier 1902.)

QUESTIONS SOCIALES

Cercles ouvriers d'études professionnelles.

Qu'est-ce qu'un cercle ouvrier *d'études professionnelles?*

— C'est une réunion d'ouvriers *d'élite*, qui étudient ce qui regarde leur métier.

Quelles sont les conditions nécessaires pour le bon fonctionnement d'un cercle ouvrier d'études professionnelles ?

— Ces conditions sont :

1° Un enseignement pratique à la portée des ouvriers ;

2° Du côté des ouvriers, un jugement *droit* et un vif désir d'apprendre pour agir ensuite dans un but d'*union et de concorde.*

L'enseignement social.

Pourquoi l'enseignement est-il nécessaire ?

— Parce qu'avant de parler, de *discuter* et d'agir, il faut *apprendre*, ce qui se fait par l'enseignement.

L'apprentissage, nécessaire partout, est *indispensable* pour parler des questions sociales, qui sont difficiles.

La discussion entre ouvriers peut-elle remplacer l'enseignement ?

— Non, et ceux qui discutent sans avoir appris s'exposent à dire des bêtises, qui font rire les gens sérieux ; mais, quand ils ont *étudié*, les ouvriers peuvent discuter raisonnablement et donner de très *bons avis.*

Qui doit donner l'enseignement ?

— Des hommes *expérimentés* qui ont appris et qui savent exposer leur pensée devant l'ouvrier.

Comment se donne l'enseignement ?

— L'enseignement se donne :

1° Dans les *petits manuels* d'économie sociale rédigés par demandes et par réponses ;

2° Dans les réunions de *lectures populaires* organisées par la Fédération ;

3° Par *les délégués du conseil fédéral* qui, sur la demande des présidents des Syndicats fédérés, vont *expliquer* dans les réunions syndicales, les questions mises à l'étude ;

4° Par des *brochures* et *tracts*;
5° Par le journal syndical *le Petit Jaune*.

Dans la suite de cet ouvrage nous donnerons de larges extraits des comptes rendus des assemblées générales; terminons ce chapitre par un passage d'un dialogue social.

Pourquoi il faut vous syndiquer.

VICTOR. — Tiens, vous êtes *syndiqués?*

JULES. — Et pour sûr! Il est temps que les ouvriers s'entendent pour ne plus être conduits par un tas de *braillards* qui ne savent que vous fourrer dans *les grèves* et dans *le chahut*.

LOUIS. — Et nous pouvons nous vanter que si on travaille encore à moitié, c'est grâce à nos syndicats, parce que si nous n'étions pas là on verrait encore pire qu'en 1899.

VICTOR. — C'est quelque chose qui ne m'a jamais plu; je trouve qu'il n'y a rien de tel que d'avoir chacun sa liberté et de faire chacun à sa guise.

LOUIS. — J'ai été longtemps de ton avis; mais je me suis aperçu qu'en étant tout seul, j'étais obligé, malgré moi, de suivre le mouvement, de faire comme les autres quand un syndicat quelconque avait décidé de faire grève, sans même que je soupçonne le motif de cette grève.

Je me suis dit : Il faut que les ouvriers qui veulent la liberté du travail s'unissent pour la défendre et assurer cette liberté *à leur profit*.

JULES. — Tu te rappelles, Victor, les six semaines que j'ai perdues bien malgré moi, parce que la grève avait été décidée par le Syndicat. Il a bien fallu y passer, je n'étais pas syndiqué, donc pas d'indemnité, mais seulement le produit de quelques quêtes. Je puis te dire que cette grève m'a coûté plus de *cent cinquante francs;* c'est pourquoi je ne tiens plus à recommencer.

VICTOR. — Tu ne veux plus recommencer, je te comprends et moi-même je voudrais bien me garantir contre cette oppression qui vous force à rester à rien faire quand *on voudrait travailler,* mais ce que je ne comprends pas, c'est comment, *en étant syndiqué,* tu prétends pouvoir empêcher la grève.

LOUIS. — C'est pourtant bien simple. Quand on n'est pas syndiqué et qu'une grève vient à éclater, chaque ouvrier se trouve tout seul; il suffit alors d'une poignée de syndiqués pour faire marcher un groupe de meneurs qui se connaissent. Les autres ouvriers ignorent quels sont les camarades de leur entourage, faisant partie du syndicat *qui tire la ficelle.*

Alors le groupe qui serait tout disposé à faire résistance est divisé en autant de parties qu'il y a d'hommes, parce que *chacun se croit seul.* Tous ont peur les uns des autres, on finit par suivre tous ensemble le mouvement à contre-cœur, mais on le suit quand même.

VICTOR. — Je suis de ton avis, mais je ne vois pas encore comment tu pourrais en te syndiquant empêcher le mouvement?

JULES. — C'est pourtant bien simple. *Les ouvriers indépendants* qui ne veulent pas être à la merci des soidisant ouvriers meneurs, plus ou moins à la solde de brasseurs de politique, n'ont qu'à constituer eux aussi des syndicats dans lesquels on réunira ceux qui ne veulent pas se laisser conduire. Par le fait même de son adhésion, chaque ouvrier, en entrant dans un syndicat, connaîtra les autres, qui pensent comme lui, et

qui, d'avance, *s'engagent à se solidariser entre eux pour la
défense de leur liberté;* c'est déjà quelque chose de fort
appréciable.

Louis. — Outre ce que Jules vient de dire, il y a
encore un autre avantage beaucoup plus grand, c'est
que dans les réunions entre ouvriers indépendants, il
est possible d'étudier des réformes et de signaler des
abus qui, fort souvent servent de prétextes aux grèves,
abus qui, signalés aux patrons et trouvés justes, donnent presque toujours satisfaction aux ouvriers.

Dès la seconde année notre journal tirait à 4,000 exemplaires; nous l'envoyions par la poste, ensuite nous
l'avons fait distribuer par les secrétaires de nos syndicats fédérés; enfin, après avoir pris l'avis de tous nos
camarades, l'Assemblée générale du 2 octobre 1904 a
décidé que désormais il serait remis à domicile par les
collecteurs de quartier qui viennent toucher la cotisation syndicale.

CHAPITRE III

LA PROPAGANDE DE L'IDÉE

L'œuvre là plus pressante d'après M. Cheysson. — Le camarade Chambodu à Paris. — L'erreur de Montceau-les-Mines. — Formons des orateurs ouvriers.

Chez nous, en France, les conférenciers ouvriers sont irrésistibles, c'est un fait qu'il faut constater; hélas! — il est tout à l'avantage du parti de la destruction.

En quelques semaines, parfois en quelques jours, les meneurs révolutionnaires faussent les idées et organisent la grève. Que faire?

« *Il faut,* disait M. Cheysson, le 29 avril 1901, à la Société d'économie sociale de Paris, *si l'on veut guérir le mal, il faut armer les ouvriers Jaunes pour la discussion avec les Rouges... Il n'y a pas d'œuvre plus pressante.* Nous l'avons compris, ce qui est mieux nous l'avons réalisé. A l'Assemblée générale du 15 août 1901, à peine après un an d'existence, voici comment le camarade Achille Urlicie, président des *Lectures populaires,* exposait la nécessité de l'œuvre et ses premiers résultats:

« Au mois d'avril dernier, les savants de la Société d'économie sociale de Paris firent venir à leur réunion trois ouvriers du Syndicat Jaune de Montceau-les-Mines.

« Tous ceux qui s'intéressent au sort des humbles applaudirent à ce premier pas fait par les sociologues de la capitale pour connaître de la vraie pensée du peuple.

« Lorsque le comte Albert de Mun eut fini son discours, le président donna la parole à l'ouvrier, au camarade *Chambodu*. Comme on lui demandait pourquoi la grève avait ruiné Montceau et comment il fallait faire pour l'empêcher, le camarade répondit : *Messieurs, depuis 1895, Montceau a été envahi par la presse socialiste, qui y a exercé une propagande antisociale effrénée; elle a bouleversé les idées de nos camarades, elle apporte chaque matin le poison, qui a fini par s'infiltrer dans leur cerveau presque sans leur faute. Sur toutes les questions sociales, ils n'ont plus que des idées utopiques et subversives.*

« *L'œuvre urgente à faire à Montceau, c'est d'éclairer les esprits; c'est de faire l'éducation sociale du peuple.*

« Voilà le discours du délégué mineur de Montceau. Ce qu'il a dit à Paris, je le répète ici. Camarades, l'œuvre urgente à Tourcoing, c'est d'éclairer les esprits, c'est de faire l'éducation sociale des ouvriers de Tourcoing, et pour cela, nous faisons appel à toutes les bonnes volontés.

« A la jeunesse, à l'âge mûr, à la vieillesse; c'est par l'effort commun que nous sauverons le peuple et notre patrie. » (*Applaudissements.*)

Seul remède efficace.

« M. Chagot, à Montceau-les-Mines, a semé l'or à pleines mains; il subventionnait largement une multitude de sociétés ouvrières indépendantes, il croyait bien faire; c'était : tir, gymnastique, escrime, joutes sur l'eau, trompes de chasse, vélo-club; il dépensait un million

et demi par an pour ses œuvres et il a récolté quoi? Il
a récolté le socialisme et la grève. Cependant il avait
les meilleures intentions pour le peuple.

« Pourquoi ce résultat? Le camarade Chambodu l'a
dit : M. Chagot avait oublié *d'éclairer les esprits* et de
faire l'éducation sociale de ces braves ouvriers. »
(*Applaudissements.*)

« Ah! s'il avait établi des cours élémentaires *d'économie sociale* où les fils d'ouvriers auraient appris, par
demandes et par réponses, quelles sont les utopies collectivistes et la misère noire que prépare la grève; si
M. Chagot avait subventionné une presse ouvrière
antisocialiste, défendant les intérêts professionnels
économiques, sociaux; si surtout il avait favorisé la
formation de *conférenciers ouvriers antisocialistes*, de
mineurs ouvriers allant lutter contre le socialisme,
comme le soldat lutte contre les ennemis de la Patrie,
jamais Montceau n'aurait été dévasté par les grèves.

La tactique des Rouges.

« Les Rouges, eux, agissent par la presse ouvrière
socialiste, par les sections syndicales du parti ouvrier
et surtout par une campagne continuelle de conférences
ouvrières socialistes. Comment s'étonner qu'après cela
les ouvriers de Tourcoing aient dans la tête des idées
socialistes?

« Voilà, camarades, pourquoi notre Fédération syndicale lutte par la presse, par la multiplication des
syndicats, par les conférences, par toutes les œuvres
pouvant être utiles au peuple que nous aimons.

« Voilà pourquoi notre grande Fédération a créé
un journal, *le Petit Jaune*, organe de la classe ouvrière
indépendante; qu'elle a fait des syndicats jaunes en

masse, et une œuvre française et humanitaire, l'OEuvre des lectures populaires. » (*Applaudissements.*)

Les conférences populaires.

« Cette œuvre des lectures populaires, nous lui avons donné avec bonheur et sans compter, notre temps et tout notre dévouement, parce que nous sommes persuadés qu'elle est *la première de toutes* : elle donne à ceux que nous aimons, aux ouvriers, les connaissances utiles pour répondre avec fruit aux utopies des meneurs collectivistes.

« Les résultats ont dépassé toutes nos espérances; le mouvement est irrésistible, les hommes, en foule, retrouvent le droit chemin, le chemin des réformes sociales en conservant la paix et l'indépendance, que tant d'autres perdent dans les excitations, les désordres de la rue.

« Le jour même de l'inauguration de notre Syndicat central, quatre ouvriers prennent la parole, les conférences se succèdent sans interruption à Valenciennes, Lille, Marcq-en-Barœul, Seclin, Lannoy, Roncq, Marquette, Bondues et jusqu'au fond des mines du Pas-de-Calais; les conférenciers en foule répondent à notre appel, ils savent que c'est l'appel de leurs frères *qui cherchent l'amélioration de leur sort par l'union, ayant toujours devant les yeux cette devise : PAIX, TRAVAIL et LIBERTÉ; ils agissent, ils attendent et ils espèrent le triomphe.*

« Nous avons entendu le camarade Pavot, l'organisateur de Denain; Célestin Valencourt, secrétaire des mineurs d'Anzin; Henri Carémiaux et Marcel Moins, des mines du Pas-de-Calais; Auguste Lamoot et Louis Fremaux, chefs ouvriers d'Houplines; Philippe Logé, ouvrier, président du Cercle d'études sociales de Roubaix, et la dernière fois, nous avons applaudi le camarade Lambert, président du syndicat *La Fraternité* du Nouveau-Lille : je salue en lui le vaillant champion des revendications de la classe ouvrière : Continuez, brave Lambert, c'est pour le peuple, c'est pour notre Patrie que vous voulez vaincre le collectivisme, qui est l'ennemi. » (*Triple salve d'applaudissements.*)

« Camarades, on trouve chez nous de grands exemples d'abnégation : rien n'égale le dévouement de nos conférenciers de Tourcoing; je dois ici une mention spéciale au camarade de Muynck. Il lui est arrivé de donner trois conférences dans la même journée. Le matin, dans une réunion contradictoire à Roncq, il répondait à l'adjoint de Roubaix, Ivo Van Waerebeke; à cinq heures il parlait à la Croix-Rouge (Maison des Ouvriers), et le soir dans un estaminet. Un autre jour, après son travail, de Muynck part pour Lannoy, avec son ami Delgate, donne une conférence au siège syndical, estaminet du Coq, rentre à pied chez lui pour minuit un quart et le lendemain matin, à cinq heures trois quarts, il faisait battre son métier, et cela pour porter la bonne parole. Merci à nos amis Playoust, Vermech, Delgate, merci au nom des ouvriers de la Fédération, à tous ceux qui nous aident.

« Nos ressources ?... Nous n'en avons pas, nous donnons de bon cœur notre travail et notre dévouement : c'est pour nos frères; nous faisons appel à toutes les bonnes volontés, nous souhaitons de nos vœux la fusion des classes, de tous les honnêtes gens, cela au nom de la Liberté, de l'Égalité, de la Fraternité. » (*Salves d'applaudissements.*)

« Ah ! camarades, si notre œuvre était comprise, si des

conférenciers ouvriers parcouraient les quartiers et les estaminets, en quelques mois les idées sociales des ouvriers seraient changées et le collectivisme serait vaincu ; l'union fait la force : l'union du capital et du travail ; que chacun comprenne ses droits et ses devoirs et la question sociale sera résolue.

« Travaillons tous sans trêve ni merci, le succès sera la récompense de nos efforts. Mais, direz-vous, faut-il longtemps pour arriver au succès?

« Non, camarades, vous qui avez entendu parler Lambert, le fondateur du parti ouvrier à Lille, vous savez la besogne qu'il a faite en une demi-heure ; allons, courage! Un grand effort! Sus aux hypocrites, aux meneurs! Place aux ouvriers indépendants qui veulent reconquérir leur liberté par des moyens pacifiques! » (*Sensation.*)

Formation d'orateurs ouvriers.

« Camarades, voilà ce que nous avons fait, mais ce n'est qu'un commencement, nous allons marcher de l'avant et organiser à Tourcoing un bataillon d'orateurs ouvriers, une société de vaillants camarades qui iront parler tous les dimanches dans les estaminets : il le faut!... Il le faut! Tenez, ce n'est pas difficile, je demande à tous les présidents ici présents de trouver dans leur Syndicat un ouvrier de bonne volonté, décidé à étudier les remèdes à apporter aux misères du peuple, décidé à expliquer aux camarades les vrais intérêts des travailleurs.

« Cet ouvrier viendra aux lectures populaires pour nous entendre parler, nous, les camarades de Lille, de Valenciennes, ceux de Seclin ici présents, auxquels je souhaite la bienvenue ; il viendra pour étudier, pour s'exercer, pour parler à ses frères, *supprimer l'orgueil du MOI*, qui est la racine de l'égoïsme et de l'hypocrisie.

« Voulez-vous savoir comment on s'exerce : on commence par expliquer au cabaret les articles du *Petit Jaune*, à deux ou trois camarades, on écrit son petit discours, on l'apprend.

« Alors, camarades, vous pouvez nous croire, vous viendrez avec nous, vous irez dans tout le département faire de la propagande pour les *syndicats jaunes* et aider les ouvriers à reconquérir leur liberté.

« Cette action est irrésistible; c'est elle qui fera notre triomphe. » (*Applaudissements.*)

« *Travail, Discipline, Courage*, c'est la devise de nos orateurs; sans le travail on ne fait rien de bon; sans la discipline, rien ne marche.

« Dans une armée, pour remporter la victoire, il faut *marcher au commandement* et être prêt à tous les sacrifices. La prudence, le dévouement, la discipline nous sont imposés par notre règlement. Nous avons travaillé avec ardeur cette grande œuvre des lectures populaires, parce que c'est le salut, que nous savons que c'est le triomphe

« Merci aux orateurs ouvriers qui, depuis un an, ont répondu à mon appel; avec ces braves cœurs, rien n'est impossible, car travaillant pour la même cause, ayant les mêmes idées, nous avançons toujours malgré toutes les difficultés, sans reculer jamais. » (*Salve d'applaudissements.*)

Pour défendre d'une manière efficace nos intérêts professionnels, nous avons cru qu'il était de notre devoir de nous former à la parole; nos camarades connaissent notre bonne volonté, ils nous ont donné leur confiance. On va le voir dans les pages suivantes, jamais nous n'avons eu la moindre difficulté à présider nos assemblées générales et presque toujours, soit aux congrès nationaux de Paris, soit devant les députés, à la commission d'enquête parlementaire, nous avons fait prévaloir nos idées.

CHAPITRE IV

COMMENT S'EST ÉLABORÉ NOTRE PROGRAMME

A quoi bon? — Mangemartin du Creusot. — Des négations. —
Par étapes. — La partie positive.

On l'a vu, dans l'histoire de notre fondation, notre
mouvement, né d'une réaction contre les grèves *politiques* et la révolution, fut à l'origine surtout *antigréviste*
et *antirévolutionnaire*. Qu'on lise, pour s'en convaincre,
notre programme primitif tel qu'il fut développé en
juillet 1901 par le camarade Achille Urlicée, président
des lectures populaires, dans la conférence qu'il fit au
local de quartier (316, rue du Brun-Pain).

CAMARADES,

L'on nous demande souvent : Pourquoi faites-vous
des syndicats jaunes? Pourquoi les ouvriers multiplient-ils les conférences, à Tourcoing, Lille, Marcq,
Roncq, Bondues, Linselles, Lannoy et jusque dans les
mines du Pas-de-Calais, répétant partout : Unissez-
vous! Syndiquez-vous! Faites des syndicats jaunes,
aux cris mille fois répétés :

PAIX — TRAVAIL — LIBERTÉ

Les uns disent : On a bien vécu jusqu'ici sans syndicats, à quoi bon en faire? Les autres, en rappelant
les grèves, vous répètent : Des syndicats sont inutiles,

ón en a trop passé et pour aller se promener dans la rue et quêter, non, moins il y en aura, plus on sera heureux. Pauvres aveugles, ils ne voient pas l'armée du vice, le socialisme, qui monte à l'assaut de la société et menace de tout renverser sans apporter d'amélioration à notre cause.

Si demain, l'invasion ennemie venant à menacer nos frontières; si demain, on lançait un ordre de mobilisation, que diriez-vous au soldat qui répondrait : *On a bien vécu sans mobilisation, je reste chez moi.* Vous diriez : c'est un imbécile ou un lâche; vous auriez raison. Eh bien! après les raclées sociales, les grèves; en face de l'armée des Rouges, les amis de la liberté se sont groupés pour défendre leur pain; ils ont lutté comme les *Boers,* sans reculer jamais. Ici à Tourcoing, dans les villes sœurs, nous ferons tout pour nos syndicats. Depuis un an, le dimanche ou le soir, après notre travail, nous faisons des conférences dans les estaminets, répétant à tous les camarades : Syndiquez-vous !... Faites des syndicats jaunes !

Quel est le but des Syndicats Jaunes?

Notre camarade *Mangemartin,* du Creusot, président du premier Syndicat Jaune, comprenant 5,200 ouvriers, nous a envoyé les statuts de son syndicat; écoutez sa réponse :

Le syndicat a pour but :

1° De protéger les intérêts de ses membres et de leur famille;

2° De contribuer à améliorer légalement leur condition économique;

3° D'établir et de maintenir avec les chefs des usines

des rapports d'amitié, de dignité et de justice réciproques;

4° D'établir et de maintenir entre les membres du personnel des usines sans distinction, des rapports de bonne camaraderie;

5° De centraliser les demandes et réclamations des membres du syndicat, de les étudier et de les transmettre avec avis motivé et en les appuyant si elles sont justes;

6° D'organiser un bureau de renseignements et de consultations, dans leur intérêt;

7° De secourir en cas de maladie les membres nécessiteux.

Voilà le programme. Reprenant article par article, je vais vous dire comment nous l'avons exécuté.

Nos intérêts.

Le premier but des *Syndicats Jaunes*, c'est de protéger les intérêts des *Jaunes* et ceux de leur famille.

Vos intérêts, camarades, c'est *votre place*, votre travail, votre salaire, la vie à bon marché.

L'ouvrier qui n'est pas syndiqué ne peut pas facilement se défendre, obtenir justice; il deviendra esclave des meneurs.

L'ouvrier syndiqué a droit à la protection du Syndicat : s'il est attaqué par la presse, le Syndicat lui fournira un conseil d'avocat, d'huissier et se chargera de tous les frais.

Depuis un an, jamais *la Fédération* n'a laissé insulter, ni un seul de ses syndicats, ni un seul de ses membres, et usant de tous ses droits, *sans reculer jamais*, elle a fait insérer plus de dix fois, par ministère d'huissier, la réponse à ceux qui pensaient qu'on pouvait attaquer l'ouvrier sans qu'il se défende. L'ouvrier syndiqué a droit à la protection du Syndicat; en cas de chômage et quand nous serons tous groupés, nous serons forts contre les adversités.

Amélioration de notre condition.

Le second but des *Syndicats Jaunes* est d'améliorer légalement notre condition économique et sociale.

Mes camarades, mes frères de lutte, vont vous parler en détail des moyens employés par notre Fédération pour arriver à ce but.

Les *Rouges* font appel au chambardement et promettent tout sans jamais rien donner; les *Jaunes* veulent avoir la majorité au conseil du travail et, par des lois sages, faire cesser les abus et rétablir la paix et la concorde dans l'industrie, rendre heureuse la classe des humbles, des travailleurs.

Rapports avec les patrons.

Le troisième but des *Syndicats Jaunes* est d'établir et de maintenir avec les chefs des usines des *rapports réciproques* de dignité, basés sur la liberté et la fraternité.

C'est bien également le but du *camarade Lambert;* en établissant son syndicat *La Fraternité*, il dit, article 3 de ses statuts : *Les membres de l'Association, dans leur intérêt propre et dans l'intérêt de l'industrie, s'engagent à travailler au rétablissement et au maintien de la bonne harmonie entre patrons et ouvriers.*

Que ce *brave Lambert*, champion des revendications de la classe ouvrière, reçoive le tribut de notre reconnaissance, je l'ai vu à l'œuvre à Lille, vous le jugerez tantôt. *(Applaudissements.)*

Camarades, vous le voyez, par la lecture même des

statuts, les *Syndicats Jaunes*, aussi bien ceux du Creusot que ceux de Montceau, de Lille, de Tourcoing, veulent *établir* et *maintenir des rapports avec les patrons* qui donnent la main au peuple et qui sont soucieux de leurs droits et de leurs intérêts; nous ne voulons pas seulement des rapports *passagers* au moment d'une grève pour discuter des revendications, mais des rapports *permanents*.

Voilà pourquoi les *Syndicats Jaunes* appellent de tous leurs vœux l'établissement de conseils corporatifs du travail, composés de délégués patrons et de délégués ouvriers, conseils de conciliation, chambres d'explication, organisation pour la transmission et l'examen des plaintes légitimes.

Les *Syndicats Jaunes* veulent garder leur liberté syndicale, leur autonomie syndicale et leur légitime indépendance; mais, comme ils ne sont pas révolutionnaires, ils proclament en même temps la nécessité de la discipline et du respect réciproque entre le capital et le travail.

On a parlé de pression patronale. La vérité, camarades, la voici : à Tourcoing comme à Montceau, nous avons été des persécutés; des bonnes volontés hésitent encore à venir avec nous; pour les amener nous faisons un suprême effort; si des patrons nous sont favorables, d'autres sont indifférents ou hostiles, chacun reste libre : mais le socialisme monte, et qui est sûr du lendemain?

Bonne camaraderie.

Le quatrième but des *Syndicats Jaunes* est d'établir et de maintenir entre tous les membres du personnel des usines, sans distinction, des rapports de bonne camaraderie.

Notre programme se résume en trois mots : *Paix, Travail, Liberté,* que nous voulons écrire sur notre drapeau national, le drapeau tricolore, tandis que sur le drapeau rouge on lira : *Guerre, Grève, Misère.*

Nous sommes pour l'union avec tous. L'union avec nos camarades, avec les contremaîtres, avec les patrons, l'union contre les hypocrites.

Nous ne sommes ni des mouchards, ni des vendus, nous sommes et nous voulons rester des travailleurs unis, qui préfèrent manquer de pain que de liberté. *(Applaudissements.)*

Les réclamations

Le cinquième but des *Syndicats Jaunes* est de centraliser les demandes et les réclamations des membres du Syndicat, de les étudier, et de les transmettre avec avis favorable, si elles sont justes, mais de les transmettre avec avis motivé, dans tous les cas.

Je me contente de vous faire remarquer que l'idée de notre camarade *Mangemartin, du Creusot,* est la même que celle de notre camarade *Lambert,* de Lille.

Je vais vous lire l'article 23 des statuts du Syndicat *La Fraternité,* de Lille :

ART. 23. — *En cas de différend ou contestation avec leur patron, les sociétaires doivent en informer sans retard la chambre syndicale. Dans aucun cas, et sous aucun prétexte, les adhérents de l'Association ne devront abandonner le travail avant que le conseil syndical n'ait, en leur nom, épuisé tous les moyens de conciliation, afin d'éviter autant que possible toute cessation de travail, toujours préjudiciable aux intérêts de l'une et l'autre des parties.*

Voilà une mesure bien sage et qui seule devrait

décider tous nos camarades de Lille à entrer dans le Syndicat de notre ami *Lambert*.

L'assistance mutuelle.

Le sixième but des *Syndicats Jaunes* est de secourir, en cas de maladie, les membres nécessiteux.

Beaucoup d'épreuves attendent l'ouvrier, surtout dans les temps malheureux que nous traversons; il faut qu'il puisse compter sur l'appui de ses camarades, de tous les honnêtes camarades de France. Nous avons souscrit pour envoyer l'obole des travailleurs à Montceau-les-Mines, et nous savons que la solidarité ouvrière ne nous fera jamais défaut.

Les ouvriers savent que nous travaillons avec eux et pour eux.

Ce premier programme était surtout *négateur*, donc insuffisant, car on ne reste pas groupés pour *nier* et se défendre, mais pour *affirmer* quelque chose et marcher de l'avant.

Donc, il fallait un programme *positif* si nous voulions obtenir des adhésions et retenir les sympathies de tous les bons ouvriers.

Ce programme s'est élaboré peu à peu. Le voici :

LE PROGRAMME DES JAUNES

Discours de Henri Duquesne, président de l'Union fédérale de filature

MESSIEURS ET CHERS CAMARADES,

Depuis quatre ans, votre Conseil fédéral n'a pas cessé d'étudier et de défendre vos intérêts professionnels. — Devant la commission d'enquête parlementaire, dans nos réponses aux questionnaires du gouvernement, dans les congrès, nous n'avons eu qu'un but, être le *porte-parole* de nos camarades pour réclamer *les réformes* nécessaires à l'amélioration de la condition des travailleurs. — Le chemin parcouru est immense, au grand étonnement de nos adversaires et à la stupéfaction de *la société des bras croisés* et *des bâtons dans les roues*. Continuons notre marche en avant pour la conquête de nos droits et de nos libertés.

L'union fait la force; aujourd'hui, je viens vous demander de nous mettre tous d'accord sur un programme qui résume les intérêts, non pas des ouvriers du Midi, de ceux de Paris ou des Mineurs, mais nos intérêts à nous, ouvriers de l'industrie textile du nord de la France. — Ouvriers, nous sommes la majorité, et le jour où nous voudrons nous unir, nous saurons imposer notre volonté. Voici ce que nous réclamons et ce que nous obtiendrons, parce que nous lutterons jusqu'à la victoire.

PROGRAMME

1. — *Dégrèvement d'impôts sur les objets nécessaires à la subsistance de l'ouvrier.*

2. — *Décentralisation de la réglementation des conditions du travail; nous demandons qu'elle soit établie par corporations, par régions et métiers.*

3. — *Loi sur le contrat du travail et les règlements d'ateliers.*

4. — *Conseils consultatifs du travail mixtes, composés exclusivement de professionnels.*

5. — *Tentative de conciliation obligatoire avant tout arrêt collectif du travail, avec déclaration, exposant par*

crit les revendications au moins huit jours d'avance. Cette déclaration sera portée au patron par le secrétaire des prud'hommes, afin de n'exposer personne.

6. — *Suppression du travail de nuit dans l'industrie textile.*

7. — *Organisation de l'apprentissage spécialement pour les enfants des fédérés de douze à quinze ans, et formation de contremaîtres dans les mêmes conditions.*

8. — *Droit pour les Fédérations et Syndicats de posséder sans limitation.*

9. — *Caisse de chômage, mais sauvegardant la liberté d'administration syndicale et refusant toute dépendance de la municipalité.*

10. — *Réduction du nombre des fonctionnaires et suppression totale des sinécures à gros appointements.*

11. — *Rétablissement de la liberté du travail, loi spéciale, très sévère contre les agitateurs, mesures efficaces pour protéger l'ouvrier qui veut travailler, sa famille, sa maison et ses biens.*

Notre programme.

Les impôts. — *1. Diminution des impôts sur les objets de consommation nécessaires à l'ouvrier.* — En travaillant nous voulons gagner de quoi vivre, c'est nécessaire, c'est une question de vie ou de mort pour nous et nos enfants. Depuis la réduction des heures de travail, depuis les grèves, depuis les grands chômages, est-ce que votre *salaire annuel*, c'est-à-dire ce que vous avez gagné durant les 365 jours de l'année n'a pas diminué? La vie à Tourcoing est plus chère que n'importe où. — Pourquoi? Parce que l'on a mis des impôts sur tout ce qui sert à la vie de l'ouvrier et que ces impôts augmentent tous les jours.

Chers camarades, cette question des impôts qui écrasent l'ouvrier et qui lui prennent une grande partie de son salaire n'est pas une question politique, c'est une question de *pain*. Voici les impôts que nous subissons. Sur le blé, 7 francs les 100 kilos, soit deux sous par pain que l'ouvrier paie. Sur la viande, 25 fr. les 100 kilos et 8 fr. 50 d'octroi, c'est *sept sous* d'impôts au kilogramme! Le beurre paie quatre sous du kilog.; la margarine, plus de six sous; la graisse, plus de six sous; les œufs, 6 francs des 100 kilog.; les légumes, 6 francs; les fruits, 2 francs; les raisins, *vingt-cinq francs*. De nouveaux impôts, nous n'en voulons plus, nous en avons de trop et nous exigeons le dégrèvement des objets de première nécessité, comme cela existe en Belgique et en Angleterre. On dit qu'il faut énormément d'argent pour le budget; moi je réponds qu'il ne faut pas prendre cet argent *sur le salaire* ni *sur la vie* de l'ouvrier, et qu'il est facile de faire des économies en supprimant une partie des fonctionnaires.

Le fonctionnarisme

Nous demandons la réduction du nombre des fonctionnaires et la suppression *des sinécures* à gros appointements. Le traitement des fonctionnaires civils a augmenté de l'année 1869 à 1904 de la somme de *deux cents millions*. Nous avons perdu l'Alsace et la Lorraine et le nombre des fonctionnaires a augmenté formidablement malgré la diminution du territoire. Un préfet touche 35,000 francs par an (1), et pendant que nous, ouvriers, nous attendons toujours les retraites ouvrières, un préfet touche 18,000 francs de retraite et nous *zéro*. Nous avons en ce moment plus de

400,000 fonctionnaires qui coûtent par an 600 millions de francs!

Les conseils consultatifs du travail.

Il ne suffit pas de nous donner la vie à bon marché, il faut *conserver le travail dans le pays,* diminuer le chômage et obtenir *justice sans grèves;* pour cela, nous demandons les conseils consultatifs du travail par corporations, composés parties égales de patrons et d'ouvriers. Devant la commission d'enquête parlementaire M. Jaurès m'avait fait espérer la constitution de ces conseils avant le 1ᵉʳ avril 1904. Hélas! si ces conseils avaient fonctionné à Tourcoing depuis un an, nous aurions évité, par de loyales explications, les dernières grèves.

La conciliation.

Il y a des grèves qui peuvent être justes, mais comme la grève est toujours un malheur, le droit de grève doit être réglementé. D'accord avec les ouvriers de tous les partis, nous demandons *qu'une tentative de conciliation devienne législativement obligatoire AVANT* tout arrêt collectif du travail, avec déclaration exposant les revendications; elle sera portée au patron au moins huit jours d'avance par *le secrétaire des prud'hommes,* afin de n'exposer personne. Tout le monde en France reconnaît que la loi demandant une tentative de conciliation *APRÈS* l'arrêt du travail, n'a pas atteint son but. Si l'on avait consulté les syndicats ouvriers, nous aurions fait remarquer qu'il est plus facile de prévenir la grève que de la faire cesser quand elle est déclarée. Ce n'est pas *après,* mais *avant* l'arrêt du travail qu'il aurait fallu rendre une tentative de conciliation non seulement *facultative*, mais *obligatoire*. Nous sommes contre l'arbitrage obligatoire, mais nous sommes pour *une tentative obligatoire* de conciliation *avant* l'arrêt du travail. La position des délégués ouvriers chargés de présenter les revendications au patron est dangereuse; à tort ou à raison ils peuvent se croire exposés à être victimes. Voilà pourquoi nous demandons que le secrétaire des prud'hommes soit officiellement chargé de remettre au patron, par écrit, les revendications et d'en rapporter récépissé.

Suppression du travail de nuit.

Nous ne demandons pas l'impossible, nous savons que le travail de nuit est nécessaire dans certaines industries à feu continu; mais comme le travail de nuit détruit la famille et favorise l'immoralité, nous pensons qu'on ne doit le tolérer qu'en cas de nécessité absolue. Les intérêts supérieurs de la famille et de la moralité ne doivent-ils pas passer avant les intérêts d'argent? Gagner plus, est-ce une raison suffisante pour imposer à des pères de famille *douze heures de travail sans aucun arrêt*, comme cela se fait actuellement dans les peignages?

Nous voyons le travail de nuit commencer dans des parties de l'industrie textile où il était autrefois inconnu. Voilà pourquoi la défense de nos intérêts matériels et moraux nous commande d'inscrire à notre programme la suppression du travail de nuit dans l'industrie textile, hors les cas d'accidents. Je suis persuadé que cette interdiction serait votée à la presque unanimité dans un conseil du travail composé exclusivement de patrons et d'ouvriers. Nous avons toujours protesté contre l'absurdité de la loi *Millerand-*

Colliard; pour faciliter la suppression du travail de nuit, il serait utile de donner plus d'*élasticité* à la journée de travail. L'industrie du peignage est une industrie *saisonnière;* si l'ouvrier, pendant la morte-saison, n'arrive pas à sa gagner sa vie, il devrait avoir le droit, pendant les arrivages de laine, de faire des heures supplémentaires payées à un tarif supérieur. Défendre à l'ouvrier de travailler quand il peut faire des heures supplémentaires, c'est l'empêcher de gagner sa vie et de mettre de côté pour les périodes de chômage.

Le travail manuel à l'école primaire.

Vous savez tous, comme moi, que dans les familles ouvrières nombreuses, on attend avec impatience le moment où l'aîné aura ses treize ans pour le faire travailler. On le place au hasard, comme cela tombe, pour qu'il gagne le plus vite possible, sans consulter ses goûts et ses aptitudes. Mettre nos enfants dans les écoles d'apprentissage, il n'y a pas moyen, d'abord parce que ces écoles n'existent pas et ensuite parce qu'ils ne pourraient pas gagner avant quinze ans. Il y a un moyen bien simple et presque sans frais. Dans les écoles primaires on donne à nos enfants des leçons de dessin, de chant, de gymnastique, je ne vois pas pourquoi on ne donnerait pas des *leçons de travail manuel;* arrivés à treize ans on saurait ce que nos enfants peuvent faire, et quand ils seront grands, cet enseignement manuel leur servira toujours.

Réglementation des conditions du travail.

Nous inscrivons à notre programme la réglementation des conditions du travail par corporations, régions et métiers. Dans tous les rapports présentés par votre fédération aux pouvoirs publics, soit à la commission d'enquête parlementaire, soit au congrès de Paris, nous avons toujours affirmé qu'il était *insensé* de vouloir réglementer la journée de travail de l'ouvrier agricole comme celle du tisserand, sans tenir compte des différentes professions, disant à tous, été comme hiver : *Vous travaillerez dix heures par jour.* L'ouvrier mineur répondra que *six heures* d'abatage à la veine c'est assez et qu'il n'en fait pas plus actuellement.

Le pâtissier réclamera le droit de servir ses pratiques la veille des fêtes et voudra gagner de belles journées pour compenser de longs chômages. L'idée de la réglementation uniforme de la journée de travail a poussé dans la tête des politiciens, qui s'en servent comme *d'une machine électorale*. Ce n'est pas une loi professionnelle, c'est une loi politique. Si je considère l'effet produit par la loi *Millerand-Colliard* dans notre industrie du peignage, je constate qu'elle a *augmenté le travail* de l'ouvrier de nuit de cinq heures par semaine, tout en diminuant son salaire hebdomadaire ! Moi, simple ouvrier, je serais *honteux* si j'avais voté une loi si mal faite. Il est vrai que je suis du métier... Nous demandons donc que la réglementation des conditions du travail soit *décentralisée* et établie par corporations, régions et métiers.

Capacité des syndicats et fédérations.

Nous demandons pour les syndicats et fédérations le droit de posséder sans limitation. Un syndicat sera d'autant plus partisan de l'ordre et de la propriété que lui-même sera plus propriétaire, il deviendra conservateur de ce qu'il aura acquis par ses efforts, il pourra donner des garanties des engagements pris par ses membres. Le jour où une fédération comprenant toutes les parties d'une industrie, possédera des écoles primaires, écoles techniques, maisons de retraites pour les invalides du travail, cités ouvrières, établissements mutualistes, professionnels, etc., etc., chaque ouvrier dira très justement que sa fédération est *capitaliste;* voilà pourquoi nous demandons pour nos groupements professionnels le droit de posséder sans limitation.

La liberté du travail.

Nous réclamons la liberté du travail, une loi sévère contre les meneurs de grèves, les reconduites, etc.

La liberté du travail n'existe plus, nous l'avons prouvé! *Je l'ai prouvé devant vingt députés à la commission d'enquête parlementaire.* Pour moi, ouvrier père de famille, la première, la plus nécessaire de toutes les libertés, c'est *la liberté de gagner mon pain.* Voilà pourquoi j'ai demandé aux députés *une nouvelle loi sévère* contre les meneurs de grèves. Voilà pourquoi cette demande est inscrite au programme des défenseurs des intérêts ouvriers. »

* *

Vous le constatez, ami lecteur, en quatre ans la transformation de notre programme fut complète. Nous vous dirons, dans les chapitres suivants, comment elle s'opéra.

DEUXIÈME PARTIE

CHAPITRE PREMIER

LES CONFLITS DU TRAVAIL

Un règlement type d'atelier. — Boîte aux réclamations. — En cas de grève. — Conseil de conciliation. — Comment nous voulons voir réglementer le droit de grève.

En juin 1901, dans un local fédéral de quartier (316, rue du Brun-Pain), le camarade Arthur Dumez prononçait le discours suivant :

(Petit Jaune, 4 juillet 1901.)

CAMARADES,

D'après la loi du 21 mars 1884, nos syndicats ont pour but l'étude et la défense de nos intérêts professionnels.

Avons-nous été fidèles au programme?

Il me faudrait plusieurs conférences, pour vous parler de toutes les questions professionnelles traitées depuis *cinq ans* dans notre *réunion d'études sociales.*

Je vais vous dire un mot simplement sur la plus

importante de toutes : *le règlement-type d'atelier*, qui a obtenu une médaille d'argent à l'Exposition universelle (Classe 105).

Dans une lettre publiée dans le *Journal de Roubaix*, le 7 novembre 1899, on lit : *Le projet de règlement-type d'atelier a été soumis aux comités ouvriers d'études sociales de Roubaix et de Tourcoing qui, avec le sens pratique qui les distingue, y ont apporté d'importantes modifications, dont les patrons se sont plu à reconnaître la justesse.*

C'est vrai; le travail a *duré plus d'un an*, et je remercie ici mes camarades de Tourcoing, qui, il y a deux ans, ont bien voulu examiner le projet, et nous apporter leurs excellentes remarques.

Les Cercles d'études de Lille, Roubaix, Tourcoing, Armentières, ont tous réclamé de nombreuses modifications. Les articles du premier projet ont été examinés et discutés par les ouvriers des quatre villes, puis renvoyés à la commission des patrons; la seconde rédaction a été de nouveau examinée par les ouvriers, et même après l'Exposition universelle, nous avons demandé et obtenu de nouvelles modifications.

Voulez-vous que je vous donne des exemples?

Prenons l'article 6. — Première rédaction : L'ouvrier, *s'il le demande*, sera admis au mesurage de son travail. — Deuxième rédaction : Les ouvriers peuvent assister au mesurage et au *pesage* de leur travail. — Troisième rédaction : Les ouvriers *doivent* assister *au mesurage et au pesage* de leur travail. — Pourquoi ces changements? Parce que les ouvriers ont fait remarquer que, si la mesure n'est pas *obligatoire*, elle sera illusoire, car beaucoup d'ouvriers n'oseront pas réclamer d'assister au mesurage où au pesage.

Je vais vous donner un second exemple.

La question capitale pour nous, ouvriers, c'est de ne pas être mis injustement à la porte et privés de notre *gagne-pain*, sans pouvoir réclamer au patron.

Dans les usines où les contremaîtres ont tout pouvoir de renvoyer et d'embaucher les ouvriers, ça peut arriver.

Il y a plusieurs années, je travaillais dans une usine de Tourcoing, le contremaître me prévient, je n'ai jamais su pourquoi. Mon nouveau patron m'envoie faire une commission chez mon ancien patron, j'arrive au bureau : « *Tiens, Dumez, vous n'êtes plus chez moi, je n'en savais rien* ». Voilà, camarades, ce qui souvent fait le plus de mal au cœur de l'ouvrier, voilà pourquoi nous avons demandé et obtenu qu'on ajoute à l'article 13 du règlement : *Sauf en cas d'urgence, aucun ouvrier ayant au moins un an de présence ne peut être congédié avant que le patron ait été instruit au préalable par le chef d'atelier, du motif de son renvoi.*

Depuis les grèves, beaucoup de patrons embauchent et renvoient eux-mêmes, *ça vaut mieux*. Dans plusieurs usines, on n'est plus obligé d'aller acheter chez les contremaîtres ou chez leurs parents pour avoir du travail, les bureaux de placements *rouges* qui existent dans les cabarets socialistes ne font plus leurs affaires, et si les contremaîtres jaunes veulent donner la préférence aux jaunes, la victoire est assurée.

Pour permettre aux ouvriers de présenter leurs réclamations sur le contrat de travail, nous avons demandé qu'on ajoute, au dernier article du règlement-type d'atelier : *Aucune modification ne sera introduite dans le règlement, sans avoir été portée préalablement, par voie d'affiche, pendant huit jours au moins, à la connaissance des ouvriers.* C'est accepté par les patrons et cette disposition peut aider à éviter les grèves.

Vous voyez que notre syndicat est bien *professionnel*, car si faire un règlement-type *ce n'est pas professionnel*, je déclare que je n'y comprends plus rien du tout.

*

Quelques jours après, une causerie humoristique expliquait le fonctionnement des boîtes aux réclamations établies dans les locaux de quartier de notre Fédération.

Le Petit Jaune, 8 août 1901.

Avez-vous vu dans les gares une drôle de mécanique? Ça s'appelle *distributeur automatique*. Donnez à un de vos enfants un gros sou, il va aller le mettre dans le petit trou, il tire la manivelle, attrape la tablette de chocolat et la croque.

Figurez-vous que mon *Petit Jaune* a cru que son papa avait installé *un distributeur automatique* pour la Fédération! Écoutez l'histoire.

*

L'autre jour, j'arrive au *Syndicat central* avec mon gosse qui s'arrête devant une grande boîte en fer-blanc fixée au mur.

— Papa, donne-moi un gros sou, je vais le mettre dedans pour avoir du bonbon.

— Mais, mon garçon, tu ne sais donc pas lire! Regarde ce qu'il y a d'écrit, c'est *la boîte aux réclamations.*

— Alors, papa, c'est pas des gros sous qu'on met là dedans pour manger du chocolat?

— Non, mon garçon, mais tous les camarades qui ont une réclamation à faire sur leur travail peuvent la mettre dedans, on la prend pour l'examiner.

— Pourquoi est-ce qu'ils ne viennent pas te donner tout de suite leur réclamation au lieu de la mettre dans la boîte?

— Chacun fait à *sa mode*, en toute liberté, mais regarde bien *cette grande boîte*, depuis trois mois elle a déjà rendu de fameux services et ça ne fait que de commencer.

— Alors, papa, les méchants ne doivent pas l'aimer.

— Pour sûr.

***

Il n'y a pas d'erreur, la transmission des plaintes légitimes est une des choses les plus importantes pour faire régner la paix et empêcher les grèves.

Les camarades qui signent peuvent compter sur notre entière discrétion, les camarades qui ne veulent pas signer doivent mettre sur leur billet des indications qui nous permettent de nous renseigner.

C'est facile, si on nous donne une adresse, de vérifier si un individu est cabaretier, épicier, marchand d'étoffes, ou de n'importe quoi, si un autre force les pauvres ouvriers à lui rapporter du café *fraudé* de Belgique, si un troisième met *tous les Jaunes* à la porte et trouve qu'il n'y a que *les Rouges* pour savoir travailler. Souvent, un tout petit renseignement nous met sur une grande route où on trouve un sac tout plein *d'hypocrites* qui se cachent pour faire de la misère à d'honnêtes ouvriers, en trompant les patrons.

Le Conseil Fédéral est composé de travailleurs libres;

nous ne sommes ni des mouchards, ni des vendus,
mais nous avons mis dans notre programme :

Justice pour tous. — Bas les masques!

C'est là un grand service rendu aux patrons comme
aux ouvriers. Je sais bien que *les hypocrites* vont nous
faire des yeux à nous avaler tout crus; mais on en a
vu d'autres et on ne les craint plus.

Le Petit Jaune, 1ᵉʳ septembre 1901.

A l'Assemblée générale du 15 août 1901, Henri Duquesne, président de l' ion fédérale de filature, après
avoir montré le mal fait r les grèves politiques ter-
minait ainsi :

Aujourd'hui, nous sommes *organisés;* aujourd'hui,
nous avons *nos cabarets,* nos locaux de quartiers, nous
avons nos syndicats de fileurs et de rattacheurs qui
sauront défendre nos intérêts et présenter les revendications justes, avant de faire grève. L'industrie commence à quitter Tourcoing, *huit fabriques sont fermées,
quatorze sont en construction de l'autre côté de la frontière;*
camarades, quand *toutes* les fabriques seront fermées,
ce sera le chômage et la misère noire. Il est temps de
défendre *notre pain,* et celui de nos enfants. *A bas la
politique! A bas les meneurs de grèves politiques! (Tonnerre
d'applaudissements.)*

Il faut marcher en avant.

Premièrement, je demande à votre Assemblée générale de voter un règlement pour défendre la liberté du
travail, la liberté de l'ouvrier. *(Applaudissements.)* Le
secrétaire général va donner lecture d'un projet de
règlement élaboré et longuement discuté par le Conseil
fédéral et que nous allons mettre aux voix, article par
article. *(Applaudissements.)*

ARTICLE PREMIER. — En cas de menace de grève, de différend ou de contestation avec les patrons, soit au sujet du travail ou pour toute autre cause, tout ouvrier syndiqué travaillant dans l'usine où le différend se produit doit immédiatement avertir le bureau central de la Fédération.

ART. 2. — Tout ouvrier, en entrant dans la Fédération, s'engage dans tous les cas visés dans l'article premier à ne jamais se mettre en grève avant que le conseil de corporation et le conseil de conciliation aient déclaré avoir épuisé tous les moyens de conciliation sans résultat.

L'ouvrier syndiqué doit, en ce cas, aviser le bureau central.

ART. 3. — En cas de grève déclarée, les syndiqués forcés au chômage se réuniront tous les jours au siège de l'Union fédérale de leur profession.

ART. 4. — Dans les cas urgents, quand les présidents jugeront nécessaire de convoquer leur groupement en dehors des époques prévues, et que la convocation portera la mention *Urgent*, tout syndiqué est tenu, sous peine d'amende à fixer par son Syndicat, à assister à ladite réunion.

ART. 5. — Tout manquement grave individuel au présent règlement sera déféré devant le conseil du Syndicat auquel appartient le syndiqué contrevenant; le conseil, en ce cas, appliquera l'une des pénalités prévues au paragraphe 3 de l'article 4 des statuts, ou renverra la cause devant le conseil d'Union fédérale.

ART. 6. — Tout manquement au présent règlement comme syndicat, sera déféré d'office devant le conseil d'Union fédérale, qui appliquera au Syndicat contre-

5

venant l'une des pénalités prévues à l'article 10 des statuts des Unions fédérales.

Art. 7. — Le présent règlement, voté en Assemblée générale, est applicable dans tous les syndicats des trois Unions fédérales de triage et peignage, de filature et de tissage, et ne pourra être modifié que sur la proposition du conseil de la Fédération et par décision de l'Assemblée générale.

Chaque article, lu par le secrétaire, est adopté à l'unanimité avec contre-épreuve. On vote de nouveau sur l'ensemble; puis, au nom du président, le secrétaire lit la déclaration suivante :

« Sur le rapport du président de l'Union fédérale de filature, l'Assemblée générale de tous les syndicats ayant été consultée dans la réunion annuelle, le 15 août 1901, et ayant voté à l'unanimité, le président de la Fédération syndicale promulgue le présent règlement, qui sera applicable dans tous les syndicats faisant partie des trois Unions fédérales de triage et peignage, de filature et de tissage ». (Vifs applaudissements.)

Ce règlement a été reproduit par M. de Seilhac, secrétaire du Musée social de Paris, dans son intéressant ouvrage : Syndicats ouvriers, Fédérations, Bourses du travail. Et voici, d'après le Petit Jaune, l'explication du premier article. « Il ne faut jamais laisser aux Rouges la possibilité ou l'excuse de se mettre en grève sur une juste réclamation, donc partout où il y a un ouvrier jaune c'est son devoir de prendre l'avance sur les ouvriers rouges et dès qu'il y a une plainte juste, il doit immédiatement venir la porter au secrétaire de la Fédération qui se trouve en permanence à la Bourse du travail.

Le secrétaire examine la plainte; s'il y a urgence, il convoque immédiatement le Conseil fédéral, fait appeler des Jaunes travaillant dans l'usine pour contrôler les faits, ajouter les raisons qui permettent de rendre la revendication inattaquable et faire triompher la justice.

Les ouvriers rouges ont présenté des revendications souvent rédigées par des *cabaretiers,* il y avait des choses justes et des choses fausses, on a fait grève et on n'a rien obtenu.

Les ouvriers jaunes doivent présenter des revendications *entièrement* justes et rédigées avec le conseil d'hommes compétents; ils obtiendront justice sans se mettre en grève.

D'après leur règlement voté à l'unanimité en assemblée générale, les ouvriers jaunes ne peuvent pas se mettre en grève sans avoir épuisé tous les moyens de conciliation; mais ils gardent autant que les rouges le droit de se servir de la loi. »

Des moyens de présenter des revendications.

Actuellement, la Fédération en emploie trois :

1° *Par l'intermédiaire du président du Conseil de conciliation.* — Souvent la réclamation présentée par un syndiqué à son président a été apportée par ce président au secrétaire de la *Bourse du travail.* — Elle a été examinée par le Conseil fédéral dans sa réunion hebdomadaire. Dans le cas où le conseil l'approuvait, elle a été recopiée et portée chez le président du Conseil de conciliation, qui l'a transmise au patron.

Le président du Conseil de conciliation a remis au Conseil fédéral la réponse du patron, qui presque toujours y a fait droit en remerciant de l'occasion qui lui était offerte de rendre justice.

Quelquefois les patrons ont demandé un supplément d'enquête et leur demande a été transmise aux syndicats qui avaient adressé plainte.

2° *Directement et de vive voix au patron par les syndiqués de son usine.* — Dans l'intérêt de l'ouvrier, il nous semble que nos syndiqués ne doivent pas user de ce moyen sans avoir l'avis du Conseil fédéral et décidé avec lui la manière dont la revendication sera présentée.

3° *Sous forme de pétition.* — Les réclamations trouvées justes par le Conseil fédéral peuvent être présentées au patron sous forme de lettre respectueuse signée par un certain nombre de ses ouvriers.

Ce système donne d'excellents résultats et a dernièrement empêché une grande grève.

Le 15 juin 1902, dans une conférence faite aux syndicats *fédérés de Linselles*, le gérant du *Petit Jaune* expliquait le fonctionnement de la *transmission des plaintes.*

« En nous rendant à l'invitation des commissions de vos deux groupements, j'ai été désigné par mes collègues pour vous entretenir d'une question très importante pour les ouvriers, c'est-à-dire le moyen *d'éviter les conflits;* qui sont toujours onéreux pour les deux parties en cause, mais beaucoup plus encore pour les ouvriers que pour les patrons. Je vais vous dire comment nous sommes parvenus à éviter les conflits en nous attaquant particulièrement aux causes qui les font naître.

Les causes des grèves.

D'abord, comment, en général, commence une grève ? Les meneurs, je veux dire ces *soi-disant* travailleurs,

qui exploitent la crédulité des ouvriers qui les entourent, prennent le plus petit prétexte pour persuader
leurs camarades qu'il y a une *grosse injustice* de commise!... quand dans bien des cas les patrons ne sont
même pas au courant. On grossit les faits et on prépare de longue main le terrain, on fait voir le patron
comme un être intraitable qui impose la crainte et qui,
pour le même motif, se fait haïr de ses ouvriers.

On profite des *abus de pouvoir* d'un employé ou d'un
contremaître pour tout faire retomber sur le patron;
on cherche même à rendre ce dernier responsable,
soit des difficultés du travail, des malfaçons qui souvent sont imputables soit au manque de soin d'un
ouvrier, ou à la négligence d'un contremaître pour le
bon réglage des métiers; alors, petit à petit, on habitue
les ouvriers à *récriminer* et l'on prépare leur esprit pour
la révolte, qui éclate bien souvent *au jour et à l'heure
marquée* par les meneurs, qui toujours tirent profit de
l'agitation.

Le remède.

Pour remédier à ce mal qu'a fait la Fédération?

Elle a établi un *Conseil de conciliation* chargé de présenter aux patrons en cause les réclamations des
ouvriers, en ayant soin de ne pas faire connaître les
ouvriers qui réclament afin d'éviter les représailles de
ceux qui peuvent être visés dans les réclamations, soit
pour négligence dans leurs fonctions, soit pour les
injustices commises par eux.

Les syndiqués, en ce cas, doivent, dans leur réunion
syndicale, signaler les faits, fournir le plus de détails
possible, afin de donner une *idée exacte* de la situation.

La commission du Syndicat prend note des réclamations et les écrit pour les adresser au bureau central ; là, le secrétaire général rédige de son écriture une lettre au président du Conseil de conciliation qui examine les faits en question et va présenter la réclamation au patron.

Discrétion absolue.

Le président du Conseil ne connaît même pas le nom du Syndicat qui a fait la réclamation. Presque toujours on signale des faits inconnus au patron, lequel est très heureux de connaître la situation pour y mettre ordre; d'autres fois, on vient se buter à des ordres qui ont été donnés par le patron lui-même, presque toujours dans un bon but, soit d'assurer plus facilement un service ou un autre ou pour tout autre motif; alors le président du Conseil peut en lieu et place des ouvriers soumettre toutes les objections venues des intéressés, objections auxquelles les patrons, souvent, n'avaient même pas pensé en donnant les ordres, et on arrive par ce moyen à aplanir des difficultés, en obtenant, par des concessions réciproques, l'entente cordiale entre les patrons et les ouvriers, tout en sauvegardant ces derniers dans le cas où leur réclamation viendrait à froisser soit le patron, soit les employés visés par la réclamation des ouvriers.

Incontestables résultats.

En agissant ainsi, nous avons la ferme conviction que nous ferons cesser, ou plutôt nous empêcherons d'éclater les grèves, ce fléau des ouvriers, en faisant disparaître les causes mêmes du conflit.

Notre système a fait ses preuves avec plein succès, tous les vrais ouvriers sont aujourd'hui unanimes à le reconnaître.

Voulez-vous que je vous donne un exemple?

Au moment de la grève *Vandenberghe-Desurmont*, nous n'avions pas un seul syndiqué dans l'établissement. Là, beaucoup d'ouvriers étaient dupés par les cabaretiers meneurs intéressés; là, malgré *les demandes* des ouvriers en grève, il nous a été impossible d'avoir des entrevues avec les intéressés afin de tenter la conciliation et de faire reprendre le travail; ces malheureux ouvriers se trouvaient toujours sous la domination de ceux qui les poussaient à la révolte et les entraînaient à la ruine.

Quelques-uns, plus énergiques, sont venus à nous pour demander la protection de notre organisation syndicale; alors se sentant soutenus, ils ont repris le travail, ils ont fait une propagande très active.

Leur exemple est suivi, bientôt tout le personnel de la filature qui venait de reprendre le travail signe une demande collective pour réclamer notre protection et se faire inscrire dans notre Fédération, un groupe de douze se forme ainsi en pleine grève, c'étaient des *sans-peur, des vaillants*, et pour nous, ouvriers, c'est un grand honneur d'avoir pu défendre nos camarades et la liberté du travail.

Parmi les héroïques travailleurs insultés et *reconduits* durant plus de deux mois par la bande qui agissait sous la domination rouge, deux vaillants ouvriers ont voulu affirmer qu'ils étaient résolus à combattre toujours dans les rangs de ceux qui luttent pour l'ordre et la paix.

Tous les deux viennent d'accepter la place de président dans les nouveaux syndicats formés et ainsi ils veulent assurer le fonctionnement de notre organisation de *transmission des plaintes aux patrons*, le fonction-

nement du Conseil de conciliation qui, grâce à eux, servira à l'avenir de paratonnerre contre la foudre des
grèves et de force invincible contre l'armée des meneurs révolutionnaires.

On ne pouvait pas rendre un service plus grand à
l'industrie et aux ouvriers qui veulent conserver la
plus précieuse de toutes les libertés : *la liberté du travail.*

*
* *

Jamais nous n'avons approuvé le projet Millerand
sur l'arbitrage contractuellement obligatoire; voici
comment nous voudrions voir réglementer le droit de
grève.

Le Petit Jaune, août 1906.

Comment nous voudrions voir réglementer la grève.

Adversaires de toute grève *politique*, nous avons, à
plusieurs reprises, demandé que, *légalement*, la grève
ne puisse plus être déclarée sans que, *au préalable,* les
revendications aient été présentées par écrit.

Nous voulons empêcher qu'autour d'une revendication juste et bien motivée, ne viennent se greffer
quantité d'autres inadmissibles, introduites par les
agitateurs dans l'unique but de prolonger l'arrêt du
travail à leur profit et d'empêcher d'aboutir les vraies
et légitimes réclamations.

Pour cela, deux choses sont nécessaires :

1° Avant d'être présentée, toute revendication doit
être examinée à fond par des hommes du métier, seuls
compétents.

2° Elles doivent être clairement exposées au patron,
par écrit, lui laissant le temps voulu pour examiner

avant qu'il soit légalement permis de se mettre en grève.

Essai d'entente par conciliation.

Avant tout, il faut chercher à éviter la rupture, en arrivant à l'entente par voie de conciliation; pour cela, nous recommandons à tous nos camarades qui ont des réclamations à formuler, de s'adresser à nous, nous exposant clairement les motifs qui les poussent à réclamer. Prenant en mains leurs intérêts, nous ferons examiner *à fond* la question.

Avertissement sans frais.

S'il y a lieu d'intervenir directement près d'un sous-ordre, dont on aurait à se plaindre, un ouvrier étranger à l'usine est chargé de le voir et de l'aviser que son personnel est disposé à déposer contre lui *une plainte régulière*, s'il ne modifie pas sa manière de faire envers ses ouvriers.

Pétition respectueuse au patron.

Si le sous-ordre averti ne réforme pas ses abus, ou s'il s'agit de questions importantes, que, seul, le patron peut solutionner, nous lui faisons parvenir, par un délégué tiré au sort, une pétition respectueuse signée, si c'est possible, de la totalité, ou, du moins, par un groupe notable d'ouvriers.

Pour peu que les parties soient animées d'intentions de conciliation, ce système donne généralement d'excellents résultats, parce que les questions litigieuses se traitent d'une *façon* privée entre le patron et ses ouvriers, et que la pétition respectueuse rédigée dans le calme et après avoir consulté des hommes du

métier, ne renfermera, le plus souvent, que des choses
justes et possibles.

Prévenance mutuelle obligatoire avant tout arrêt.

Parfois, on se trouve en présence d'hommes de
parti-pris, qui n'arriveront pas à s'entendre amiable-
ment; la loi, depuis longtemps, aurait dû édicter des
dispositions, soit pour prévenir, soit pour solutionner
les conflits.

Ces dispositions, les voici :

Comme nous n'avons pas cessé de le demander
depuis six ans, et conformément à une disposition de
la loi belge, sur les règlements d'atelier (art. 7), avant
d'entrer en vigueur, tout règlement nouveau, tout
changement de tarif ou d'un règlement ancien, devrait
être porté à la connaissance des ouvriers, par voie
d'affiche, huit ou quinze jours avant l'application.
Notification devrait être adressée au secrétariat du
Conseil des prud'hommes, tenu de vérifier, dans les
vingt-quatre heures, si l'affichage est effectué. De cette
façon tout *lock out* patronal deviendra impossible sans
prévenance affichée huit jours d'avance.

Si l'essai d'entente à l'amiable échoue *dans l'usine,*
c'est-à-dire si le patron répond par un refus ou ne
répond pas du tout à la pétition resp .tueuse exposant
clairement les revendications, les ouvriers avisent le
secrétaire des prud'hommes en lui remettant *copie conforme* de leur lettre au patron.

Dans les vingt-quatre heures, le secrétaire prévient
officiellement le patron, et le délai de huit jours avant
la mise en grève commence.

Si dans les quarante-huit heures de la signification,
aucune tentative de rapprochement ne s'est faite, le

secrétaire des prud'hommes *convoque d'office* le Conseil mixte du travail dont nous avons demandé l'institution dans notre déposition devant la commission d'enquête parlementaire, le 21 janvier 1904.

Le président reçoit copie des revendications écrites présentées par les ouvriers et invite les parties à venir contradictoirement devant lui.

Si les parties se rendent à l'invitation, le conseil donne un simple avis qui n'oblige personne.

Si l'entente ne se fait pas, la grève est légitime et la suspension collective du travail peut commencer après l'expiration du délai légal, sans violation du contrat individuel de travail.

Immenses avantages.

Cette manière de faire solutionne toutes les difficultés :

1° Elle écarte forcément tous les meneurs étrangers à la profession, puisque, *seuls,* les ouvriers de l'usine signent et présentent au patron leurs revendications écrites ;

2° Elle rend impossibles les arrêts *brusques,* commandés le plus souvent par un petit groupe de meneurs révolutionnaires qui déchaînent la grève pour l'exploiter à leur profit, puisque tout arrêt collectif est légalement défendu sans prévenance ;

3° Elle ne rend les conflits possibles qu'après présentation de réclamations mûrement étudiées, et le délai imposé par la loi fait tomber les passions et la surexcitation du moment ;

4° Elle rétablit la confiance dans l'industrie, la prévenance réciproque permettant le plus souvent de s'entendre pour éviter un arrêt qui ferait partir le travail du pays.

CHAPITRE II

LES CONSEILS DU TRAVAIL

A Pâques ou à la Trinité. — Consultatif ou arbitral? — Un
questionnaire syndical. — Nos idées au Sénat. — Poisson
d'avril de Jaurès.

Il y a cinq ans (1er juin 1901), dans une causerie
humoristique, le gérant du *Petit Jaune* amorçait l'étude
de cette importante question :

Alors, je l'aurai bientôt... dis!

« Dimanche dernier j'ai été faire un tour de prome-
nade avec mon nouveau gosse, le *Petit Jaune*. C'en est
un qui commence à raisonner.

Y me pose un tas de questions; s'il faut que je
réponde à toutes, j'aurai bientôt mal à la gorge et je
devrai acheter une boîte de pastilles Géraudel.

* *

— Papa, qu'est-ce que c'est que ça, un *Conseil du travail?*

— Mon garçon, c'est quelque chose qui existe en
Belgique, ça permet de s'expliquer ensemble, et ça
empêche les grèves.

— Papa, alors, je veux en faire un tout de suite; c'est si vilain, les grèves!

— Non, mon garçon, tu es trop petit, mais il y a à Paris un grand mossieu qui s'appelle *Millerand* et qui va en faire un.

— Alors, je l'aurai bientôt... dis!

— Ah! pour ça, il ne faut pas compter dessus, il a fait un décret, puis un second décret pour raccommoder le premier, on fera les élections à Pâques ou à la Trinité!

— Alors, papa, c'est comme Malborough, qui reviendra à Pâques ou à la Trinité.

— Oui, mon garçon, et on dit même que ça ne viendra jamais.

— Alors, papa, je veux en faire un tout de suite, moi... un qui marche tout seul... hein?

— Laisse-moi tranquille, tu vas me demander la lune tout à l'heure!

Et pour faire taire le gamin, je le fais rentrer, et vite, au lit.

*
* *

Voilà que pendant la nuit, je me mets à réfléchir, ça m'arrive de temps en temps, quand je ne dors pas.

Tiens, mon gosse a raison, je cherche ma casquette et je l'ai sur ma tête; pas besoin de Millerand pour organiser le système, j'en ai un, de *Conseil du travail*, et un qui marche déjà.

Je suis président de l'*Union fédérale du peignage et triage*, je réunis tous les présidents de mes syndicats fédérés, voilà *le Conseil de travail du peignage*.

Mon camarade François Lotte, président de l'*Union fédérale du tissage*, réunit les présidents de ses syndicats fédérés, voilà le *Conseil du travail du tissage*.

Henri Duquesne, président de l'*Union fédérale de filature*, réunit les présidents de ses syndicats fédérés et voilà le *Conseil du travail de filature*.

Les trois présidents des Unions fédérales se réunissent au moins tous les huit jours, voilà le *Grand Conseil fédéral du travail*.

· Ça y est; si les patrons pouvaient en faire autant, en cas de grève, on se réunirait et on arriverait vite à s'entendre.

Arthur Dumez.

Un an après (6 juin 1906), le *Petit Jaune* expliquait la nature et le fonctionnement de cette institution.

CONSEILS CONSULTATIFS DU TRAVAIL

I. — *Leur nature.*

Qu'est-ce qu'un conseil consultatif du travail?

— C'est une institution qui met en présence patrons et ouvriers, en l'*absence* de tout conflit, *avant* toute lutte, pour délibérer sur des intérêts communs.

.C'est un comité *d'études* et de *solution* continue et progressive de nos si complexes conditions de travail.

Quel est le but principal des conseils consultatifs du travail?

— Le but principal des conseils consultatifs du travail est de donner *officiellement* leur avis aux pouvoirs publics pour l'élaboration des lois ouvrières.

Quels sont les autres buts des conseils consultatifs du travail?

— Les autres buts des conseils du travail sont : de *rapprocher* les patrons et les ouvriers, de dissiper les malentendus, prévenir les conflits *collectifs* et concerter des mesures d'intérêt *commun*.

Les ouvriers doivent-ils être consultés avant l'élaboration des lois ouvrières?

— Oui, les ouvriers doivent être consultés pour faire connaître leurs désirs, leurs besoins et *défendre* leurs intérêts.

Comment se fait la consultation des ouvriers?

— La consultation des ouvriers se fait, soit en demandant *officiellement l'avis des syndicats* (Gailhard-Bancel), soit en convoquant les délégués ouvriers devant la commission *parlementaire* du travail.

Les ouvriers seront-ils consultés avant le vote des lois ouvrières?

— Oui, car en recevant les délégués du congrès national des Jaunes, *M. Bérenger,* président de la commission du travail au Sénat, leur a dit :

« Quand nous aurons à discuter des lois ouvrières, je ferai convoquer avec plaisir devant la commission du travail du Sénat des ouvriers jaunes appartenant aux professions intéressées... »

« Nous les écouterons et leurs conseils et leurs renseignements pourront nous permettre, dans bien des cas, d'arrêter les folies de la Chambre. » *(Compte rendu officiel du premier congrès national des Jaunes de France, p. 164.)*

II. — *Fonctionnement.*

Quelles sont les conditions nécessaires pour le bon fonctionnement d'un conseil consultatif du travail?

— Voici les principales. Il faut : 1° que les délégués ouvriers soient bien au courant des questions mises à l'étude; 2° qu'ils restent en relation avec les ouvriers

qu'ils représentent; 3° que toute facilité leur soit
donnée de dire leur avis en toute indépendance.

*Pourquoi les délégués ouvriers doivent-ils être au courant
des questions mises à l'étude?*

— Parce que, sans cela, ils ne pourraient pas défendre les intérêts des ouvriers.

Comment avoir des délégués bien au courant des questions?

— En ne nommant que des gens qui exercent *actuellement* le métier et s'intéressent aux questions ouvrières.

*Pourquoi les délégués ouvriers doivent-ils rester en relation
avec les ouvriers qu'ils représentent?*

— Parce que n'étant que les *porte-parole* de leurs
camarades, ils doivent les consulter et connaître leur
opinion avant de l'exprimer en leur nom.

*Comment les délégués ouvriers peuvent-ils rester en rela-
tion avec les ouvriers qu'ils représentent?*

— En se faisant inviter par les syndicats à toutes les
réunions où l'on discute les questions mises à l'étude.

*Qu'est-ce qui pourrait empêcher les ouvriers de dire leur
avis en toute indépendance?*

— Deux choses : la crainte des patrons et la difficulté d'expliquer ce qu'ils pensent.

Comment remédier à ces difficultés?

1° En réunissant séparément pour la première étude
patrons et ouvriers; 2° en permettant aux ouvriers de
s'adjoindre un conseil judiciaire, qui assiste à leurs
réunions préliminaires et les aide à exposer leur avis
dans les réunions mixtes.

Dans un dialogue vécu, le gérant du journal expliquait à ses camarades la différence entre les Prud'-
hommes, le Conseil de conciliation et d'arbitrage et le
Conseil consultatif du travail.

CAUSERIE DU « PETIT JAUNE »

— Tu me dis que le Conseil du travail sera composé de patrons et d'ouvriers... alors c'est la même chose que les *prud'hommes ?*

— Ah! ça... mais pas du tout, tu n'a pas compris, le but n'est pas le même. Écoute... le Conseil des prud'-hommes, c'est un tribunal pour les *broulle ménache*, pour ceux qui ne sont pas d'accord avec leurs patrons ou leurs contremaîtres, c'est pour juger les *conflits individuels.*

— Oui, je comprends, c'est un tribunal pour *juger les disputes;* et l'autre, le Conseil du travail?

— Le Conseil du travail, ce doit être une assemblée d'*union et de concorde,* où il n'y aura *rien à juger,* mais où on s'occupera uniquement d'étudier les intérêts communs du travail... tu comprends?

— Oui, je commence à comprendre... ce sera comme qui dirait un *conseil de conciliation et d'arbitrage,* chargé de rétablir la paix dans le ménage de l'industrie, quand il y aura grève.

— Voyons, camarade, est-ce que tu as *oublié tes lunettes* aujourd'hui?

— Non, mais explique-moi bien la différence que je ne vois pas.

— Eh bien, le Conseil de conciliation et d'arbitrage c'est *encore* une institution qui a pour but *d'aplanir* les difficultés, ou de *remettre la paix* entre patrons et ouvriers qui ne sont pas d'accord.

— Oui, ça y est... Dans mon idée, voilà le vrai Conseil du travail qui, *premièrement,* examinera et donnera son avis sur les intérêts communs de l'industrie et, *secondement,* jugera les conflits.

— Non, camarade, un pareil conseil serait à la fois

consultatif et *arbitral*, ça ne pourrait pas marcher.

— Pourquoi?

— Parce que l'expérience prouve que pour arriver à un bon résultat il ne faut jamais faire *deux choses à la fois...*; tu vois les Conseils du travail en Belgique, s'ils n'ont pas entièrement réussi, c'est qu'ils ont voulu s'occuper à la fois de deux choses bien différentes : la *première*, étudier les intérêts professionnels pour donner leur avis, ça c'est parfait; mais, *secondement*, ils ont voulu aussi *juger les conflits* entre patrons et ouvriers, c'est une erreur; il vaut mieux, pour le Conseil du travail, laisser toutes les affaires de disputes à juger, soit au Conseil des prud'-hommes, soit au Conseil de conciliation et d'arbitrage.

— Cette fois-ci j'ai compris, je commence à débrouiller tout le système : le Conseil du travail c'est *uniquement* pour étudier, discuter et donner son avis sur les questions professionnelles; mais reste à savoir comment il faudra faire pour choisir de bons délégués qui *connaissent* et sachent *défendre* les intérêts des ouvriers.

— Nous en causerons plus tard.

*
* *

Le système d'étude adopté dans notre Fédération permet de consulter tous les membres; on envoie un questionnaire que tous peuvent remplir.

QUESTIONNAIRE

Le Petit Jaune (1902)

Organisation des Conseils du travail.

1° L'établissement des Conseils du travail vous semble-t-il nécessaire?

2° Quelles doivent être les questions soumises à ce Conseil?

3° Voulez-vous qu'il soit uniquement pour donner des avis sur les lois ouvrières?

4° Quel mode d'élection 'adopter? — Vote par syndicat ou vote individuel?

5° Faut-il accorder droit de vote uniquement aux syndiqués? — Faut-il donner double voix aux syndiqués et *une voix* seulement aux non-syndiqués?

6° Faut-il que les patrons et les ouvriers donnent leurs avis séparément ou réunis ensemble?

7° Faut-il que les ouvrières soient représentées au Conseil du travail, et dans quelles conditions?

8° Doit-il y avoir un seul Conseil du travail textile à Lille, ou un Conseil dans chaque grande ville industrielle où se trouve une Chambre de commerce?

9° Faut-il représenter chaque partie de l'industrie, par exemple le dévidage, les renvideurs, le doublage, les cardes, les continus, ou nommer des délégués pour le coton, pour la laine?...

A l'Assemblée générale du 21 septembre 1902, Henri Duquesne, président de l'Union fédérale de filature, résumait les réponses reçues.

Déjà nous possédons un certain nombre de rapports.

Vous demandez : 1° *Que le Conseil du travail soit composé, pour chaque branche de l'industrie, de patrons et d'ouvriers formant deux chambres séparées, l'une patronale, l'autre ouvrière;*

2° *Les questions mises à l'étude, d'un commun accord, seront examinées, discutées séparément par chaque chambre et les avis sur chaque point rédigés avec l'aide de conseils judiciaires agréés;*

3° *Une commission mixte, composée d'un très petit nombre*

de délégués des deux chambres, comparera les avis donnés, constatera les points sur lesquels l'accord s'est fait et renverra à l'étude les autres points, en transmettant respectivement les observations de la chambre patronale à la chambre ouvrière et de la chambre ouvrière à la chambre patronale.

Voilà ce qui ressort de votre étude comme organisation au point de vue des fonctions des conseils.

Vous êtes tous généralement d'accord pour demander que ces conseils soient uniquement *consultatifs, c'est-à-dire* qu'ils soient des institutions que le gouvernement devra consulter chaque fois qu'il sera question d'élaborer une loi intéressant les ouvriers et l'industrie.

Une observation très juste qui a été faite dans plusieurs syndicats, c'est que tout conseiller, soit patron, soit ouvrier, qui cesserait d'exercer sa profession, devra être immédiatement rayé du conseil; car, du jour où il cesse d'exercer sa profession, il peut avoir des intérêts opposés à cette profession. Vous avez également donné ces idées très justes quant au mode d'élection et à la représentation syndicale; tous vos travaux nous permettront de présenter une étude approfondie, quand nous serons officiellement consultés à ce sujet.

Voilà, messieurs, un aperçu rapide des questions étudiées dans vos syndicats pendant une année; cette année a été active, et pendant tout son cours, on a examiné bien des projets qu'il *faudra faire* aboutir bientôt. Sous ce rapport, *le Syndicat central* a fait tout ce qu'il est possible de faire, et pour l'avenir il se rendra toujours digne de votre confiance. *(Applaudissements.)*

Dans son numéro du 5 décembre 1902, le *Petit Jaune* constatait que le Sénat avait adopté presque toutes les idées mises en avant dans nos groupements.

LES CONSEILS CONSULTATIFS DU TRAVAIL AU SÉNAT

Voici le texte complet voté en première lecture par le Sénat :

ARTICLE PREMIER. — Il peut être institué par décret rendu en Conseil d'État, sous le nom de *Conseils consultatifs du travail, partout où l'utilité en sera reconnue,* soit à la demande des intéressés, soit d'office, après avis du conseil général, des Chambres de commerce et des Chambres consultatives des arts et manufactures du département, des conseils composés en *nombre égal* de patrons et d'ouvriers.

Leur but.

Leur mission est d'être les organes des *intérêts* industriels et moraux de leurs commettants.

De donner, soit *d'office,* soit sur la demande du gouvernement, des *avis* sur toutes les questions qui concernent ces intérêts.

De répondre aux demandes *d'enquête* ordonnées par le gouvernement.

Nos camarades peuvent constater que le Sénat vient de voter ce qu'ils avaient réclamé :

1° Le Conseil du travail sera uniquement *consultatif,* sans s'occuper de conciliation ou d'arbitrage;

2° Nous pouvons faire établir un Conseil consultatif de l'industrie textile à Tourcoing;

3° Ce conseil se composera en nombre *égal* de patrons et d'ouvriers;

4° Ce conseil aura le droit *d'initiative* et pourra donner des *avis* sur toutes les questions profession-nelles.

ART. 2. — Chaque conseil est divisé en deux sections comprenant l'un les patrons, l'autre les ouvriers.

Les sections nomment chacune, pour la durée de chaque session, un président et un secrétaire pris dans leur sein. Elles *peuvent* délibérer séparément. Elles se réunissent en *conseil*, soit sur l'initiative de l'un de leurs bureaux, soit sur la demande du gouvernement, pour une délibération commune alternativement présidée, pour la durée de la délibération, par le président de chacune d'elles en commençant par le plus âgé des deux. Le secrétaire de *l'autre* section devient celui du conseil.

En cas de partage des voix du conseil, les sections peuvent désigner un ou plusieurs membres désignés d'accord entre elles et qui auront voix délibérative.

Ici le Sénat a adopté plusieurs de nos idées et en a rejeté d'autres :

1º Les patrons et les ouvriers forment deux sections qui *peuvent* se réunir séparément.

L'article 2 du texte de la commission portait que les deux sections, patronale et ouvrière, des Conseils consultatifs du travail, *délibèrent séparément.*

M. Strauss a combattu cette obligation de délibérer *séparément* et présenté un amendement changeant les mots *délibèrent* en celui de *peuvent délibérer*, ce qui laisserait la délibération séparée facultative et non obligatoire.

Dans notre dernière assemblée fédérale, nous avons demandé que les *patrons* et les *ouvriers* délibèrent séparment et nous continuons à penser avec M. François Charmes, rapporteur de la commission : *qu'il est bon d'éviter toute surprise entre patrons et ouvriers. Il y aura toujours des choses que les patrons ne diront pas devant les ouvriers et des choses que les ouvriers ne diront pas devant les patrons.*

Voilà pourquoi nous avons demandé une commission mixte *constatant* l'accord ou le désaccord sur les points étudiés après délibération *séparée;* de plus, nous avons réclamé pour les ouvriers le droit de se faire assister d'un conseil judiciaire, plus compétent que des travailleurs manuels pour exposer devant les patrons l'avis des ouvriers sur des questions complexes et difficiles, les délégués ouvriers étant, sans ce conseil judiciaire, en position d'infériorité devant les patrons.

Art. 3. — Il y aura autant de conseils que de professions. Toutefois, lorsque le nombre des professions de même nature est insuffisant, un certain nombre de professions similaires peuvent, sur l'avis conforme des intéressés, être réunies en un même groupe.

Le ressort de chaque conseil est déterminé par le décret qui l'institue.

Art. 4. — Le décret d'institution fixe le nombre des membres du conseil. Il varie de six à douze par section, suivant l'importance des industries représentées.

Les délégués suppléants sont nommés dans chaque section en nombre égal à la moitié des titulaires.

La durée des pouvoirs des délégués et des suppléants est de quatre ans.

Sera considéré comme démissionnaire celui qui, sans excuse valable, ne répondra pas à trois convocations successives, qui quittera la région ou qui cessera d'être éligible par le collège électoral qu'il représente.

Les élections.

Art. 5. — Sont électeurs, à la condition d'être inscrits sur la liste électorale politique :

Pour la section patronale : 1° tous les patrons exerçant une des professions fixées par le décret d'institution;

2° Les directeurs et les chefs de service appartenant à la même profession et l'exerçant effectivement depuis deux ans.

Pour la section ouvrière : Tous les ouvriers et contre-maîtres appartenant à la même profession et l'exerçant effectivement depuis deux ans.

Sont éligibles, les électeurs de la section âgés de vingt-cinq ans accomplis.

Les *femmes françaises* ayant l'exercice de leurs droits civils, non frappées de condamnations entraînant la perte des droits politiques et résidant dans la commune depuis six mois au moins, sont électeurs à vingt et un ans et éligibles à vingt-cinq ans accomplis, après deux ans d'exercice effectif de la même profession.

Pour la composition des listes, les opérations électorales et les recours dont elles peuvent être l'objet, il sera procédé conformément aux règles en vigueur pour les conseils de prud'hommes.

1° Nous avions demandé l'élection par les syndicats ou du moins un vote plural donné aux syndiqués, parce que l'expérience faite chez les autres nations prouve que *des rapports permanents* sont nécessaires entre le délégué et ses électeurs pour faire que ce délégué ouvrier soit véritablement le *porte-parole* de ses camarades, et que le Conseil du travail donne des résultats positifs; or ces rapports permanents n'existent que dans les organisations professionnelles syndicales ou analogues;

2° Les ouvriers seront représentés par des salariés exerçant *actuellement* la profession, c'est logique; mais ne serait-il pas bon, à cause des inconvénients trop souvent constatés, d'exclure l'ouvrier *cabaretier* qui deviendrait facilement délégué *politique* au lieu de rester délégué *professionnel;* nous ne parlons pas des contremaîtres cabaretiers, une vraie tyrannie sur l'ouvrier.

ART. 6. — Dans le cas où les électeurs patrons sont en nombre égal à celui fixé pour la composition des conseils, tous en sont membres. S'ils sont en nombre inférieur, ils désignent entre eux, pour se compléter, des électeurs appartenant à la même profession ou à des professions similaires dans les circonscriptions voisines.

Dans les circonscriptions où la profession est représentée par des sociétés par actions, les membres du conseil d'administration ayant la capacité électorale politique seront électeurs patronaux.

ART. 7. — Chaque section se réunit au moins une fois par trimestre, à la mairie de la commune de son siège, et sur la convocation de son bureau, chaque fois qu'il y aura lieu de lui soumettre un objet de sa compétence.

ART. 8. — Toutes discussions politiques et religieuses sont interdites.

ART. 9. — Toute délibération excédant la limite des attributions fixées par la loi est annulée par le ministre.

Si le *conseil* ou la *section,* une fois averti, persiste à sortir de son rôle, sa dissolution peut être prononcée.

***

Restait à obtenir le vote de la Chambre; le jeudi 21 janvier 1904 voici la demande que nous adressions à la commission d'enquête parlementaire.

Le conseil consultatif du travail.

Le président de l'Union fédérale de Filature demande qu'un conseil du travail composé de patrons et d'ouvriers soit officiellement *reconnu* dans toutes les localités industrielles.

M. LE PRÉSIDENT. — Quelles seraient les attributions de ce conseil? Aurait-il comme mission d'élaborer des tarifs et de veiller à l'exécution des engagements, ou servirait-il à trancher les différends?

— Ce conseil consultatif devrait, à notre avis, servir de paratonnerre contre la grève; toutes les revendications devraient lui être présentées et la grève ne pourrait jamais éclater sans qu'au préalable les revendications lui aient été soumises.

LE PRÉSIDENT DE L'UNION FÉDÉRALE DE FILATURE. — Nous avons parlé tout à l'heure de la grève Vandenberghe; je ferai remarquer à ce sujet que le patron, aussitôt avisé de la décision de ses ouvriers, s'est immédiatement rendu à l'usine et *n'a plus trouvé personne,* donc aucune revendication ne lui a été préalablement soumise *avant la mise en grève.*

M. JAURÈS. — Vous désirez qu'avant toute mise en grève ce conseil soit chargé d'entendre les revendications et donne son avis, en un mot qu'aucune grève *ne puisse éclater* sans au moins avoir eu une discussion *préliminaire* avant d'arriver à une rupture entre les parties. Ce serait un conseil mixte composé de patrons et d'ouvriers.

— Oui, monsieur.

M. JAURÈS. — *Vous avez raison.* Ne pensez-vous pas qu'il serait bon que ces conseils soient établis avant le 1er avril?

— Nous ne demanderions pas mieux, mais nous pensons qu'il est un peu tard.

M. JAURÈS. — Non non, il n'est pas trop tard, il n'est pas impossible que ces conseils soient institués pour le 1er avril (1).

*
* *

Hélas! c'était un poisson d'avril de Jaurès, nous en sommes encore à attendre!

Quand bientôt, nous l'espérons, le projet qui depuis quatre ans dort dans les cartons, sera remis en délibération, au nom de nos camarades, nous demandons que la nomination des membres se fasse au *scrutin de liste* et à *la représentation proportionnelle.*

Chaque catégorie de la profession devra être représentée par un membre pris dans l'une des *listes* en présence.

Si, par exemple, le partage des voix entre deux listes donne, par la répartition proportionnelle, *deux sièges* à l'une et *deux* à l'autre, la liste ayant obtenu le plus de voix aura droit aux sièges réservés aux deux premières professions inscrites et l'autre aux sièges destinés aux deux dernières.

Le troisième de la liste qui a obtenu le plus de voix serait nommé suppléant tant du côté patron que du côté ouvrier, et ce suppléant ne devrait siéger que pour remplacer soit le conseiller patron, soit le conseiller ouvrier quand il y aurait une question relative à l'établissement dans lequel il a des intérêts personnels ou dans lequel il travaille, ceci afin d'éviter d'être à la fois juge et partie.

(1) Le *Petit Jaune* du 22 février 1901. — Enquête parlementaire, t. II, p. 388 et 389.

CHAPITRE III

LES RETRAITES OUVRIÈRES

On se moque des travailleurs. — Mon petit calcul. — Dans la mélasse. — Faux! Injuste! Effrayant! — Bateau coulé. — Répartition ou capitalisation. — Au troisième congrès national des Jaunes.

Le 15 septembre 1901 avait lieu, dans la salle des fêtes de la Fédération, une assemblée générale extraordinaire, l'ordre du jour portait : Référendum sur le projet de loi des retraites ouvrières.

DISCOURS DE HENRI DUQUESNE, PRÉSIDENT DE L'UNION FÉDÉRALE DE FILATURE.

CAMARADES,

Vous êtes réunis aujourd'hui pour examiner la réponse que notre Fédération veut envoyer à la consultation officielle du ministre sur le projet de loi concernant les retraites ouvrières.

Cette réponse a été élaborée mercredi dernier à l'Assemblée de toutes les commissions de nos syndicats ; mais avant de la mettre aux voix, je vais vous expliquer les motifs, les raisons de notre réponse.

. Avant de commencer, permettez-moi, en mon nom et au nom de trois unions fédérales, d'envoyer nos sincères félicitations à *MM. de Gailhard-Bancel* et *Lasies*, qui ont obtenu du gouvernement la consultation des syndicats professionnels.

Que nous propose le gouvernement ?

Le gouvernement veut nous forcer à diminuer notre salaire de deux sous par jour, 30 francs par an sur l'ouvrier, ce qui, ajouté à 30 francs qu'on veut prendre sur le patron, donne 60 francs pris *sur le travail de chaque ouvrier.*

Le gouvernement veut nous forcer à verser ces 60 francs dans une caisse qui serait administrée uniquement par lui et une armée de fonctionnaires.

Le gouvernement, pour une cotisation *très grande*, nous promet une retraite *toute petite*, et, à l'âge de soixante-cinq ans, c'est-à-dire à environ 7 ouvriers sur 100 !

Presque tous les Syndicats ont repoussé le projet.

Camarades, vous avez lu dans les journaux que nous avons demandé à M. le Ministre des explications sur certains articles du projet de loi et surtout *les tables officielles* de la Caisse nationale des retraites.

Pourquoi ?... Pour bien prouver à nos camarades, *sans distinction de parti*, que le projet du gouvernement est *une fumisterie !*

Ouvrez le barème actuellement en vigueur à la Caisse des dépôts et consignations, calculez la rente à laquelle aurait droit un travailleur à soixante-cinq ans *en versant deux sous par jour*, et vous verrez que l'État offre moins que de simples compagnies d'assurances, qui ont une moyenne de 20 pour 100 à payer en frais généraux d'agences, etc.

Nous repoussons l'obligation.

Mon camarade A. Dumez va vous expliquer *pourquoi nous repoussons l'obligation*, je me contente de vous dire que, vu le mauvais état des affaires, notre salaire est tout juste équivalent aux besoins actuels de nos familles, ou même insuffisant, et que la retenue proposée par le gouvernement le transformerait en *salaire de misère!*

Nous repoussons l'obligation de verser dans *la caisse de l'État;* l'exemple de la Révolution française d'il y a cent ans, nous rappelle que déjà l'argent des ouvriers y est entré, mais qu'il n'en est *jamais sorti.* De plus, nous ne voulons pas que notre argent si péniblement gagné serve à nourrir une armée de fonctionnaires. *(Applaudissements.)*

Les sociétés de *secours mutuels* sont administrées *avec économie* par des délégués des ouvriers, plusieurs servent déjà des retraites, à quoi bon imposer un système coûteux, qui absorbera de 4 à 6 pour 100 (!) dans les frais d'administration?

Les retraites pour tous.

Au nom de l'*Égalité,* nous demandons la retraite pour tous, mais par des caisses de prévoyance qui resteront *la propriété des corporations.*

Ces corporations en auront *la gestion et la disposition,* suivant la situation respective des intéressés et *les variations économiques* des différentes régions.

Comme l'ont dit à la Chambre des députés *MM. Lerolle*

et de Gailhard-Bancel : « *Si le régime corporatif existait en France, la loi serait complètement inutile.* »

La vraie solution : Protection et liberté.

Camarades, pour résoudre la grande question des retraites ouvrières nous ne demandons que deux choses, *la protection et la liberté.*

La protection. — Nos syndicats, nous demandons que le gouvernement, le département, la municipalité, *les protègent* et leur donnent les *mêmes* subventions qu'aux lycées, aux hôpitaux, aux écoles, etc.

La liberté. — La liberté *complète*, liberté de *posséder*, liberté de *s'organiser*, liberté de *s'administrer* comme on voudra.

Pour résumer en deux mots ma pensée, *au nom des ouvriers*, je demande à MM. Gailhard-Bancel et Lasies de proposer au vote de la Chambre *les caisses autonomes régionales*, et pour nos syndicats professionnels *la liberté entière de posséder. (Tonnerre d'applaudissements.)*

DISCOURS D'ARTHUR DUMEZ, PRÉSIDENT DE L'UNION FÉDÉRALE DE TRIAGE ET PEIGNAGE

CAMARADES,

Il n'y a qu'une question qu'on étudie depuis bien longtemps sans arriver à rien de pratique, c'est la question *des retraites ouvrières.*

La chose est excellente, mais pourquoi, en France, n'arrive-t-on *à rien du tout*, pendant que les Belges et les Allemands ont déjà leurs caisses de retraites pour la vieillesse ?

Pourquoi ? Parce que notre budget est épouvantablement chargé, le déficit s'augmente chaque jour et les impôts directs ou déguisés pèsent trop lourdement sur l'ouvrier.

On veut faire voir qu'on s'occupe de la question et, à défaut d'autre chose, on vient nous proposer un projet *qui ne tient pas debout.*

On veut faire de *l'Épate* en consultant tous les syndicats, et quand des syndicats demandent des *explications,* on leur répond *qu'il n'appartient pas au ministre de les donner (!!!).*

Nous demandons des documents pour calculer le montant des retraites, on nous répond : *Adressez-vous à la Caisse des dépôts et consignations.* Nous écrivons à la Caisse des dépôts et consignations, on nous fait attendre et, pour obtenir satisfaction, il faut réclamer par lettre recommandée !

Vous avez lu dans le *Petit Jaune* la lettre du ministre et celle que, *sur son invitation,* nous avions écrite à M. le directeur de la Caisse des dépôts et consignations. Ne recevant aucune réponse, le conseil a de nouveau envoyé la lettre suivante :

*A Monsieur le directeur
de la Caisse des dépôts et Consignations,
56, rue de Lille, Paris.*

Monsieur,

Nous avons l'honneur de vous confirmer la lettre que nous vous adressions le 26 août dernier, suivant les instructions de S. Exc. Monsieur le Ministre du commerce, pour vous demander de nous adresser le tarif 3 pour 100 de la Caisse nationale des retraites, prévu par l'article 11 du projet de loi sur les retraites ouvrières.

Comme les syndicats faisant partie de nos unions

fédérales doivent répondre avant le 20 courant, il est nécessaire que nous possédions sans retard le tarif en question.

Nous aimons à croire que si nous ne l'avons encore reçu c'est parce que notre lettre n'est pas parvenue jusqu'à vous; c'est pourquoi, pour assurer l'arrivée de celle-ci, nous la faisons recommander à la poste.

Agréez, etc...

Le fameux document nous est enfin arrivé, assez tard il est vrai, et nous donnerons tout à l'heure le curieux résultat des calculs auxquels il a servi.

Le projet du gouvernement.

Le fameux projet, dont l'article premier est déjà voté, nous promet une retraite, oui, mais combien?

Elle sera calculée au taux de 3 pour 100 suivant la table de mortalité de la Caisse nationale des retraites.

Pour avoir cette retraite le gouvernement veut nous forcer à payer par jour chacun *dix centimes* à prendre sur *notre salaire!*... Ça fera 30 francs par an. *(Sensation.)*

On *forcera* également les patrons à payer *dix centimes* pour chacun de leurs ouvriers qui gagnent au moins 2 francs; c'est 60 francs pris *sur le travail* et, en fin de compte, c'est *le travailleur,* c'est l'ouvrier qui payera le tout *(Sensation).*

L'industrie du pays s'en va, les salaires baisseront insensiblement d'autant, et si le commerce va trop mal, beaucoup de patrons feront comme certains font déjà, ils s'en iront du côté du Montaleux, au delà de la frontière, établir leurs usines, dans un pays où ils auront la protection de leur industrie; c'est pourquoi,

après avoir examiné le projet présenté, tout en reconnaissant la nécessité de trouver le moyen de donner
une retraite aux ouvriers, je dis : *Halte là!!!*... c'est
impossible; je ne veux pas *d'obligation,* je veux garder
ma liberté. En prenant le moyen proposé, je suis sûr
d'être *mort de faim* avant d'avoir atteint l'âge de la
retraite !!! *(Sensation.)*

Mon petit calcul.

Écoutez, voilà mon calcul, et vous me direz si j'ai
raison :

J'ai *onze enfants vivants,* sans compter le *Petit Jaune* —
heureusement qu'il ne mange pas de tartines celui-là
— ça serait la douzaine.

Vous pouvez me croire; dans mon ménage il me
faut pour vivre, d'une manière très serrée, 4,560 francs
par an, ce qui fait une moyenne de 96 centimes, soit
dix-neuf sous un centime par jour et par tête; ce
n'est pas exagéré et je voudrais bien voir si cela pourrait suffire à ceux qui proposent le projet de loi. *(On
rit.)*

Avec la loi de onze heures, j'ai perdu en salaires qui
ne sont plus rentrés 150 francs par an; à ce chiffre il
faudrait, d'après le projet, ajouter les versements à la
Caisse des retraites.

A la maison, nous sommes quatre à travailler en
fabrique, le père et trois enfants; à 30 francs par an,
ça fait 120 francs par an, sans compter, comme je le
disais tout à l'heure, que le patron ne pouvant pas
supporter cette augmentation de dépense, cela serait
certainement 240 francs à verser. La loi de dix heures
va devenir applicable l'an prochain, ce sera encore une
diminution de 150 francs!!!... Au total ça fera sur

*mon budget de ménage, tous les ans, une diminution de
540 francs!!!* Cela suffit pour être dans la *mélasse*.

Ah! s'il m'était possible de mettre cet argent de
côté, j'aurais bientôt ma maison; mais comme j'ai
besoin de *tout* mon salaire pour élever ma famille, je
ne veux pas faire de dettes... Beaucoup de pères de
famille ne sont pas dans les mêmes conditions que
moi; ils sont encore dans le passage critique d'une
famille nombreuse, sans qu'un seul enfant puisse rien
rapporter, parce qu'il n'a pas treize ans, et que, de
par la loi, il nous est défendu de demander à nos
enfants avant cet âge, d'aider à supporter la charge
du ménage, et de la famille...

Tyrannie de l'assistance.

On dit : il y a le *Bureau de bienfaisance;* alors pourquoi prendre à cet ouvrier le salaire dont il a encore
la libre disposition; pour le mettre plus que jamais à
la charge de la société? En ce cas, il n'y aura plus de
différence entre l'ouvrier *insouciant* qui se fie à la
charité et celui qui prend à cœur de garder *sa liberté
d'action* en toute circonstance parce qu'il ne veut pas
avoir d'obligation, surtout au sujet *de l'éducation de ses
enfants;* ou bien serait-ce un moyen de faire courber
l'échine de tous les ouvriers, devant *la tyrannie des
bureaux d'assistance. (Vive sensation.)*

D'autre part, tout mettre dans la caisse de l'État,
y a-t-il la garantie suffisante? Notre argent servira-t-il
à donner des retraites; ou servira-t-il *à boucher quelques
trous de la Caisse en en ouvrant un plus grand???*

Les caisses de retraites, à mon avis, doivent rester à
l'initiative des organisations ouvrières, des syndicats,
corporations ou autres sociétés mutualistes, afin que

chacun garde *sa liberté d'action;* nos syndicats, par la
société de consommation, donnent à ceux qui veulent
mettre leurs économies annuelles de côté un excellent moyen de s'assurer une retraite. *(Applaudissements.)*

Ils peuvent verser leurs économies aux sociétés déjà
existantes ou s'ils veulent, contracter par un versement
annuel ou mensuel, un contrat avec *les compagnies
d'assurances* qui leur serviront une rente viagère dont
ils connaîtront le chiffre, à l'âge qu'ils auront déterminé
eux-mêmes.

C'est encore la combinaison la plus simple, car là,
si on sait ce que *l'on paye,* on sait aussi ce que *l'on
aura.*

Au moins, en agissant ainsi, on sauvegardera *la
liberté de tous* et on s'assurera suivant qu'on le désire.

C'est pourquoi mon avis est *contraire* au projet
présenté.

Pourquoi?... Parce que l'exécution de ce projet *c'est
la ruine de l'ouvrier, la ruine de l'industrie de notre pays*
et surtout *la ruine de la liberté! (Tonnerre d'applaudissements.)*

Que le gouvernement me soumette un autre projet
qui sauvegarde *ma liberté* et qui me garantisse une
retraite dont je connaîtrai l'importance, alors j'approu-
verai; quant au projet en question, je réponds... *Non.
(Vifs applaudissements.)*

*
* *

Le président des Lectures populaires lit, article
par article, *le projet de loi,* et au fur et à mesure
le secrétaire donne lecture des réponses suivantes;

le vote avec contre-épreuve est demandé sur chaque article.

RÉPONSE A SON EXCELLENCE MONSIEUR LE MINISTRE DU COM-
MERCE, AU SUJET DU PROJET DE LOI SUR LES RETRAITES
OUVRIÈRES QU'IL A ADRESSÉ AUX SYNDICATS LE 9 JUILLET
DERNIER.

Réponse à l'article 2. — La retenue sur le salaire est impossible, étant donné que la loi de dix heures est applicable l'année prochaine. Les retenues et la diminution du travail ne permettraient plus aux ouvriers de vivre, les charges sont déjà trop lourdes. Le mauvais état des affaires ne permet plus aux trois quarts des ouvriers de gagner de quoi vivre, il est donc impossible de leur retirer quoi que ce soit.

Dix centimes par jour, c'est le taux ordinaire des indemnités à payer par les enfants poursuivis par leurs parents indigents pour pension alimentaire, et les enfants ainsi condamnés ne doivent charger leur budget de cette dépense que pendant un temps; et si des enfants en arrivent à se laisser condamner ainsi pour fournir à leur vieux parents une légère subsistance c'est que leur budget est déjà trop grevé; il est donc impossible de réclamer quoi que ce soit aux ouvriers.

Réponse à l'article 3. — Si l'employeur doit retenir sur le salaire de l'ouvrier, ce sera, au moment de l'application, motifs à conflits.

Le système de faire doubler les retenues par les patrons sera pour eux un motif sérieux de tenir le moins d'ouvriers possible quand le travail fera défaut, comme actuellement. Au lieu de partager la besogne

7

entre tous les ouvriers, les patrons auront intérêt à congédier la moitié de leur personnel. Dans ce cas, qui pourvoira à l'entretien et à la nourriture des ouvriers sans travail?

Cet article appliqué jetterait sur le pavé sans aucune ressource une grande partie de la population ouvrière.

Réponse à l'article 4. — La gérance de l'État et l'obligation de verser à la caisse de l'État sont de nature à empêcher toute initiative.

Les ouvriers demandent une loi qui encourage les initiatives privées, qui permette d'établir une concurrence d'avantages, et qui prévoie des encouragements ou des primes accordées par l'État aux sociétés ou syndicats qui donneront les meilleures conditions et les meilleurs résultats.

Une loi dans ce sens serait de nature à encourager toutes les initiatives et à garantir la liberté individuelle.

Réponse à l'article 5. — Avec le système préconisé dans notre réponse à l'article 4, la commission prévue par l'article 5 pourrait donner d'excellents résultats, elle aurait pour mission d'accorder les indemnités ou récompenses aux sociétés les mieux gérées et donnant les meilleurs résultats.

A cette commission devraient s'adjoindre plusieurs membres nommés par les *syndicats ouvriers.*

Réponse à l'article 6. — La complication des comptes individuels et les frais de fonctionnement que cela entraînerait, donnerait une proportion énorme de frais généraux.

L'économie réalisée sur les frais généraux permettrait d'unifier le taux des retraites pour un même âge et même de le majorer.

Les ouvriers gagnent trop difficilement leur argent pour le donner pour payer une armée de fonctionnaires inutiles.

Réponse à l'article 7. — L'article 7 prévoit des verse-ments d'employeurs pour les ouvriers étrangers. Étant donnés la situation des affaires, et le nombre de fabriques que l'on construit en Belgique, le projet de loi compte sur une ressource qu'il n'aura pas; car sous peu de temps si l'industrie du Nord n'a pas plus de protection, non seulement les ouvriers étrangers ne viendront plus chercher du travail en France, mais les ouvriers français devront aller chercher du travail en Belgique où on construit des usines et où l'industrie est en situation de produire dans de meilleures condi-tions, étant donné que tout en gagnant moins l'ouvrier vit mieux.

Réponse à l'article 9. — D'après le système préconisé par cet article, l'argent des ouvriers servirait à aug-menter la dette publique. C'est un moyen de fournir des fonds aux diverses administrations sans avoir rien à déclarer, ni recourir à des emprunts. C'est une augmentation de charge; elle ne donne aucune garantie aux jeunes ouvriers, ils verseraient sans avoir la certi-tude de rien toucher.

Réponse à l'article 11. — Le tarif 3 pour 100, calculé d'après la table demandée à la Caisse des dépôts et consignations, comparé aux tarifs des compagnies d'assurances sur la vie, donne les résultats suivants :

Le calcul a été établi sur une moyenne de 60 francs par an versés au compte de chaque ouvrier; en suppo-sant 300 jours de travail par an à 0 fr. 10 par jour et par ouvrier et la quotité égale par le patron, suivant le projet.

AGE DE L'OUVRIER à l'époque où il opère son 1er versement.	RETRAITES offertes par l'État à 65 ans.	RETRAITES suivant le tarif des Compagnies d'assurances à 65 ans.	DIFFÉRENCE en faveur des Compagnies.
25 ans	779,40	920,25	140,85
26 ans	742	875,88	133,88
27 ans	706,01	819,44	111,43
28 ans	671,33	770,22	98,89
29 ans	637,91	725,51	87,60
30 ans	605,70	682,61	76,91
31 ans	573,66	641,70	67,04
32 ans	544,75	603,02	58,27
33 ans	515,93	566,04	50,11
34 ans	488,15	530,99	42,84
35 ans	461,41	496,51	36,10
36 ans	436,65	465,69	29,04

Ces chiffres suffisent pour prouver que l'État, en rendant les versements obligatoires dans sa caisse, ne donne même pas les avantages des sociétés particulières, quoiqu'il ait prévu la couverture des frais généraux à l'article 7; ces avantages, en ce cas, devraient être supérieurs à ceux des compagnies particulières.

Le § 2 du même article prévoit que le taux pourra être changé par M. le Ministre du commerce, ce qui donne encore moins de garantie aux ouvriers.

Réponse à l'article 13. — L'article 13 dit que moyennant 0 fr. 10 l'ouvrier pourra connaître le total des sommes versées à son compte pendant l'année précédente. Mais aucun article de la loi n'indique comment l'ouvrier pourra faire valoir ses réclamations dans le cas où le compte présenté ne correspondrait pas à ce qu'il aurait inscrit lui-même.

Réponse à l'article 14. — L'article 14 est en contradiction avec l'article premier et l'article 15; l'âge doit être 55 ou 65 ans, puisque l'article 15 prévoit le cas d'impossibilité de travail autorisant la liquidation de la retraite avant l'âge fixé par l'article premier.

Réponse à l'article 17. — Le certificat du maire et

LES RETRAITES OUVRIÈRES 113

l'avis du conseil municipal pour constater l'invalidité ne sont pas admissibles, en beaucoup d'endroits ces certificats, pour obtenir la liquidation des retraites avant l'âge, serviront de marchepied électoral.

Il serait préférable qu'une commission de ce genre soit composée de docteurs assermentés, devant lesquels les ouvriers invalides pourraient se présenter aux jours et heures indiqués. — Les docteurs devraient, après constatation de l'état du demandeur, lui délivrer séance tenante le certificat demandé, s'il y a lieu.

Réponse à l'article 18. — Si la décision du comité peut être attaquée par tous les intéressés, on ne voit pas bien pourquoi il est dit qu'elle est prise en dernier ressort.

Réponse à l'article 19. — Dans le taux de majoration il ne doit pas être tenu compte de l'état de fortune ou du revenu personnel de l'intéressé; tous les Français étant égaux devant l'impôt, tous les ouvriers invalides doivent être mis sur le même pied, ce serait justice.

Réponse à l'article 41. — L'article 41 prévoit un crédit de 15 millions par an pour payer les retraites aux ouvriers qui atteindraient l'âge fixé et qui seront âgés de 36 à 64 ans au moment de la promulgation de la loi.

L'article 42 donne le tableau des retraites à accorder aux ouvriers de ces âges au moment où ils atteindront 65 ans.

Nous donnons ci-contre le tableau comparatif entre les retraites offertes par le projet de loi aux ouvriers qui auront de 36 à 64 ans au moment de la promulgation de la loi et les rentes offertes par les compagnies d'assurances pour un versement de 60 francs par an, soit une moyenne de 0 fr. 10 par jour de travail pour l'ouvrier et quotité égale par le patron.

AGE DE L'OUVRIER au moment de la promulgation de la loi.	RETRAITES proposées par le projet de loi.	RETRAITES OFFERTES par les Compagnies d'assurances.	DIFFÉRENCES en faveur des compagnies d'assurances.
36 à 37 ans.	180 fr.	465 fr. 69 s'il a 36 ans	285 fr. 69
		428 fr. 20 s'il a 37 ans	248 fr. 28
38 à 40 ans.	170 fr.	407 fr. 05 s'il a 38 ans	237 fr. 05
		379 fr. 70 s'il a 39 ans	209 fr. 70
		353 f.. 07 s'il a 40 ans	183 fr. 97
41 à 43 ans.	160 fr.	329 fr. 42 s'il a 41 ans	169 fr. 42
		305 fr. 71 s'il a 42 ans	145 fr. 71
		283 fr. 41 s'il a 43 ans	123 fr. 41
44 à 47 ans.	150 fr.	262 fr. 24 s'il a 44 ans	112 fr. 24
		242 fr. 44 s'il a 45 ans	92 fr. 44
		222 fr. 74 s'il a 46 ans	72 fr. 74
		204 fr. 91 s'il a 47 ans	54 fr. 91
48 à 51 ans.	140 fr.	187 fr. 47 s'il a 48 ans	47 fr. 51
		170 fr. 84 s'il a 49 ans	30 fr. 84
		157 fr. 87 s'il a 50 ans	17 fr. 85
		140 fr. 61 s'il a 51 ans	0 fr. 51

Comme on peut le voir, les retraites que l'État assure aux ouvriers sont dérisoires et il n'est pas nécessaire d'avoir un crédit annuel de 15 millions de francs pour assurer les retraites que ces ouvriers auront très largement payées.

Nous trouvons injuste de prélever sur ce qui reviendrait de droit à ces ouvriers pour trouver de quoi payer des retraites aux ouvriers âgés de 52 à 64 ans au moment de la promulgation de la loi, suivant le tableau ci-dessous :

52	à	55	ans	130 francs
56	à	58	ans	120 francs
59	à	61	ans	110 francs
62	à	64	ans	100 francs

Pour ces vieux ouvriers les majorations de retraites doivent rester à la charge de l'État, auquel il ne peut appartenir de prendre sur les versements opérés par une certaine catégorie d'ouvriers pour garantir les retraites des autres.

Observations spéciales pour les syndicats de femmes.

Les ouvrières travaillant dans l'industrie textile ne travaillent généralement dans les usines que jusqu'à l'âge de 25 à 30 ans, attendu qu'à cet âge la plupart d'entre elles sont mariées et mères de famille; celles qui ne se marient pas ne travaillent généralement plus dans les usines après 50 ans. On ne rencontre dans les ouvrières de nos industries qu'une proportion d'une sur 1,000 à 1,100 ouvrières travaillant encore dans une usine à l'âge de 65 ans.

Le projet de loi ne prévoyant pas la liquidation des retraites des femmes au moment où elles quittent l'usine, ou le remboursement à chacune d'elles d'une somme égale à celle qu'une compagnie d'assurances assurerait au *prorata* des sommes versées d'après une table de mortalité admise, les syndicats de femmes s'opposent au principe du projet de loi, parce qu'elles ne veulent pas payer avec la certitude qu'aucune d'elles ne profiterait de la retraite.

POUR CES MOTIFS

L'Assemblée décide :

1° Au nom de la *liberté*, nous repoussons le principe de *l'obligation*, le salaire de l'ouvrier est *à lui* — l'État n'a pas le droit d'y toucher, même pour le forcer à épargner.

Depuis deux ans, dans notre industrie, tout va mal, et, réduire notre salaire, c'est nous forcer à mourir de faim.

2° Au nom de l'*égalité*, nous voulons qu'on s'occupe

d'assurer un minimum de secours d'invalidité et de retraite à tout Français de quelque condition qu'il soit : pas de catégories, pas de privilèges si on admet la Déclaration des droits de l'homme, *l'égalité devant la loi.* Au nom de la même égalité, nous repoussons l'impôt de *400 millions* qu'on veut prélever *exclusivement* sur le travail, c'est-à-dire *sur nous, ouvriers,* en écrasant l'industrie. La Déclaration des droits de l'homme s'y oppose quand elle dit : *L'impôt doit être également réparti entre tous les citoyens en raison de leurs facultés.*

C'est à tous les citoyens de contribuer à la retraite de tous les citoyens et proportionnellement à leurs facultés. Imposer uniquement *le travail,* c'est une injustice.

3° Au nom de la *fraternité* et de la vraie *solidarité,* nous demandons que l'État, le département, les associations et les individus, imitant ce qui se fait avec succès en Belgique, concourent à la solution

En conséquence, les organismes actuellement existants : mutualités, caisses patronales, etc., subsisteront à condition de procurer à leurs membres des avantages au moins égaux.

L'État dégrèvera d'impôts et accordera des allocations aux associations laïques, religieuses et congréganistes qui donnent leurs soins aux invalides du travail; elles seront toutes reconnues d'utilité publique.

Les syndicats professionnels pourront posséder et administrer librement des hôpitaux ou maisons de retraite pour les invalides du travail.

4° Nous demandons l'établissement, non pas d'une caisse nationale de l'État, mais de caisses *coopératives autonomes* administrées non par des hommes de la politique ou de l'État, mais par des *Conseils de corporation.*

L'organisation proposée par le projet du gouvernement est trop compliquée et inapplicable, les ouvriers ne veulent pas nourrir une armée de fonctionnaires avec l'argent qu'ils ont péniblement gagné.

EN CONSÉQUENCE

Tous les syndicats unis dans les unions fédérales de triage et peignage, de filature et de tissage, repoussent le projet du gouvernement comme *faux* dans son principe, *injuste* dans ses dispositions, et *effrayant* dans ses conséquences.

L'unanimité. Au scrutin secret.

L'Assemblée avait voté à main levée avec contre-épreuve sur chaque article. Arrivé au vote sur l'ensemble, *le scrutin secret* est proposé. Des membres de commissions syndicales distribuent à chaque syndiqué une enveloppe jaune contenant deux carrés de papier, l'un *blanc*, l'autre *bleu*, et le secrétaire explique que pour voter en faveur des réponses et des conclusions de la Fédération, il faut laisser dans l'enveloppe le bulletin *blanc*; pour voter en faveur du projet du gouvernement, laisser dans l'enveloppe le bulletin *bleu*. Vingt scrutateurs de bonne volonté sont demandés dans l'assemblée; au dépouillement on ne rencontre pas un seul bulletin *bleu*.

Le projet du gouvernement est donc repoussé, *au scrutin secret*, à l'unanimité.

Notre rapport si documenté fit grand bruit dans la presse.

Sous la signature de Paul de Cassagnac, le 4 octobre 1901, dans un article de quatre colonnes, *l'Autorité* disait :

« *Bateau coule*.

« Syndicats *jaunes*, syndicats *rouges*, personne ne veut de cette loi, tout le monde la repousse du pied !

« C'est pour le gouvernement et les majoritards de la Chambre un soufflet retentissant.

« Ça leur apprendra à vouloir faire de la *populasserie* quand même et sur des questions qu'ils ignorent.

« Parmi toutes les consultations de syndicats qui ont été publiées et qu'on a pu lire, je n'en ai pas vu de plus claire, de plus lumineuse, que celle qui se trouve dans le discours humoristique de l'ouvrier président de l' « Union fédérale du triage et du peignage », à Tourcoing.

« L'orateur commence par constater qu'en France on n'arrive à rien du tout, pendant que les Allemands et les Belges jouissent déjà des caisses de retraites pour la vieillesse.

« Il en cherche la raison et il la trouve dans ce que, notre budget étant épouvantablement chargé, le déficit augmente chaque jour et les impôts directs ou indirects pèsent trop lourdement sur l'ouvrier.

« Et alors, dit-il, on veut faire croire qu'on s'occupe de quelque chose et on vient proposer aux travailleurs un projet « qui ne tient pas debout ».

« Après avoir indiqué toutes les formalités inutiles et abusives qu'il a fallu remplir pour se procurer les documents indispensables à ʼtude de la question, il s'écrie : « On a voulu faire de ʼ ʼ ʼatel » Et il le prouve en entrant vigoureusement dans le sujet.

« Nous lui laissons la parole. A la veille des élections, il est bon, il est « indispensable de répandre les arguments irréfutables » que les ouvriers dirigent contre les promesses irréalisables, trompeuses, mensongères, de la loi sur les retraites. »

Et après avoir reproduit le discours de l'ouvrier gérant du *Petit Jaune*, P. de Cassagnac ajoute :

« Voilà qui est bien appliqué.

« On dirait une série de coups de trique sur le dos du gouvernement et de messieurs les majoritards.

« Puis on étudie le projet de loi, article par article, et la réunion conclut :

« On vote au scrutin secret, et le projet de loi du gouvernement est repoussé à l'*unanimité*.

« Je crois que c'est là un enterrement de première classe.

« Décidément, à l'occasion des prochaines élections, il faudra construire et équiper un autre *bateau* pour porter Marianne et sa fortune.

« Car celui-ci est coulé, bien coulé! »

La *Libre Parole* du 16 octobre, dans un article de E. Drumont :

Les ouvriers, qui à force d'avoir été roulés commencent à devenir méfiants, n'ont pas tardé à comprendre que, tout compte fait, ils payeraient non seulement leur quote-part, mais la quote-part des patrons. C'est ce qu'expliquait l'un d'eux, avec une merveilleuse clarté, lors d'une réunion de l'Union fédérale du triage et du peignage, qui a eu lieu, il y a quelque temps, à Tourcoing.

Cet ouvrier, qui est évidemment un homme plein d'intelligence et de bon sens, ne se contentait pas d'affirmer, « il expliquait ». Il démontrait à ses camarades que les patrons, qui ne sont pas toujours à la noce, eux non plus, qui sont durement éprouvés par le déplorable état des affaires, par les grèves incessantes, par les impôts de toute nature qui pleuvent sur eux comme la grêle, accepteraient difficilement cette charge nouvelle.

La *Réforme économique* du 13 octobre, après avoir déclaré qu'il lui est impossible de reproduire les innombrables délibérations hostiles au projet de loi, fait une exception pour la nôtre.

Quelque remarquables qu'aient été la plupart de ces délibérations, nous ne pouvions songer à les publier : notre journal n'y eût pas suffi. Mais nous croyons intéressant de donner, d'après le *Petit Jaune*, organe mensuel des Syndicats indépendants de Tourcoing, le compte rendu d'une réunion de la Fédération desdits syndicats, où a été étudié le projet de loi relatif aux retraites ouvrières.

Tous ceux qui ont pris part à la discussion étaient de simples ouvriers. Il s'est dit là des choses excellentes, et « il n'est pas de Chambre syndicale » où la question ait été envisagée avec plus de « bon sens », plus de « profondeur de vues » que dans la conférence — d'un tour humoristique, qui n'enlève rien à la force des arguments — faite par l'ouvrier président de l'Union fédérale du triage et du peignage.

La *Vie catholique* du 2 octobre donne un résumé de notre consultation; la voici :

Les objections présentées sont intéressantes, et nous résumerons les principales :

1° La retenue de 30 francs par an sur le salaire est impossible; elle le sera plus encore quand la loi de dix heures sera applicable.

2° Les charges qui pèseront sur le patron lui seront un motif de réduire au minimum nécessaire le nombre de ses ouvriers.

3° L'obligation de verser à une caisse nationale, gérée par l'État, a le grand tort de détruire toute initiative.

4° La création de comptes individuels entraînerait des frais généraux très lourds, car il faudrait une armée de fonctionnaires.

5° Vu la stagnation présente des affaires, beaucoup d'ouvriers français seront obligés, sous peu, de chercher leur pain au dehors.

6° Les cotisations des ouvriers serviraient tout simplement à accroître, sans recourir à l'emprunt ou à l'impôt, notre énorme dette publique.

7° Le tarif des retraites que servirait la Caisse des dépôts et consignations est notablement inférieur à celui qu'ont adopté les compagnies d'assurances sur la vie.

8° Il est absurde de charger le maire et le conseil municipal d'établir les certificats d'invalidité : ce serait s'exposer volontairement aux marchandages électoraux les plus éhontés.

9° L'État, qui sert des rentes inférieures à celles que donnent les compagnies d'assurances, n'a pas besoin de réclamer un crédit annuel de 18 millions pour assurer le service de retraites que les ouvriers auraient largement payées.

10° Aucune garantie n'est donnée aux femmes, dont les syndicats sont unanimes à repousser la loi.

La défense de nos intérêts professionnels nous commandait de suivre de très près tout ce qui touche à cette question capitale; nous nous sommes déclarés partisans du système proposé par *M. de Gailhard-Bancel;* mais, plus que jamais ennemis de l'étatisme, nous montrions, dans le *Petit Jaune* de mars 1906, les inconvénients du système de *capitalisation.*

LES RETRAITES OUVRIÈRES. — CAPITALISATION PAR L'ÉTAT

Quels sont les deux systèmes proposés pour donner des retraites ouvrières?

Le système de capitalisation et le système de répartition.

En quoi consiste la capitalisation?

La capitalisation consiste à mettre l'argent dans la caisse de l'État pour donner des retraites dans trente-cinq ans aux ouvriers.

A quoi servira pendant ce temps l'argent versé dans les caisses de l'État?

L'argent servira à boucher certains trous de la Caisse et surtout à payer de nouveaux fonctionnaires.

Qui est-ce qui touchera dans le système de capitalisation?

1° L'État touchera de quoi solder une partie de ses déficits annuels; 2° les nouveaux agents, dénommés fonctionnaires, auront trouvé un moyen de vivre sur le dos des travailleurs; 3° dans trente-cinq ans, quand les ouvriers ayant droit à la retraite auront droit de toucher, on les payera au moyen d'impôts nouveaux sur le dos du peuple.

Les ouvriers sont-ils partisans du système de capitalisation?

Non, tous les groupements ouvriers sans distinction de partis sont opposés à la *capitalisation,* qui est un truc pour empocher l'argent des ouvriers.

***

Nous terminerons ce chapitre en reproduisant le vœu adopté par le dernier congrès de Paris.

NEUVIÈME VŒU. — RETRAITES OUVRIÈRES

Le deuxième congrès de la Fédération nationale des Jaunes de France,

Ému de la triste situation faite à tous les travailleurs âgés, sans distinction de sexe et de métiers, par la société moderne mal équilibrée;

Constatant que la loi dite des Retraites ouvrières,

votée par la Chambre des députés et soumise aux délibérations du Sénat, n'est *ni appréciable, ni réalisable;*

Qu'elle tend à faire de l'État *un minotaure* qui *dévorerait* toutes les économies des travailleurs sans profit réel ni pour eux, ni pour la nation ;

· Que la plupart des dispositions insérées dans ce texte de loi constituent une surenchère électorale sans profit pour les vieux travailleurs,

Émet le vœu que les pouvoirs publics préparent un projet de loi de retraites pour la vieillesse vraiment pratique sur des bases générales. *Comme il est antidémocratique de prétendre qu'un citoyen doit organiser obligatoirement sa retraite parce qu'il gagne moins de 2,500 francs par an, le congrès demande que l'obligation de la retraite s'étende à tous les citoyens, de même que le service militaire.*

CHAPITRE IV

LA RÉDUCTION DES HEURES DE TRAVAIL

Une règle de bon sens. — Comment nos députés devraient voter. — Formidable *Vivat*. — Au congrès de Paris. — Devant la commission d'enquête parlementaire. — Le *Petit Jaune* au Sénat.

Dans son numéro du 1er novembre 1901, le *Petit Jaune* donnait sur la réduction des heures de travail l'opinion que le bon sens fera triompher tôt ou tard.

LA RÉDUCTION DES HEURES DE TRAVAIL

Comment doivent être réglées les heures de travail?

— Les heures de travail doivent être réglées de manière que l'ouvrier gagne sa journée sans épuiser ses forces.

Quelle est la journée de l'ouvrier?

— L'ouvrier travaillait douze heures il y a deux ans, il travaille actuellement onze heures; l'année prochaine il fera dix heures et demie, et plus tard dix heures.

Quels sont les avantages de la réduction des heures de travail?

— L'ouvrier fatigue moins et peut passer plus de temps avec sa famille.

Quels sont les inconvénients de la réduction des heures de travail?

— La réduction des heures de travail expose l'ouvrier à *une réduction de salaire* et l'industrie à *une ruine* partielle ou totale, s'il n'y a pas une entente internationale.

Pourquoi?

— Parce que si l'ouvrier français travaille dix heures et l'ouvrier belge douze heures, la concurrence peut faire fermer les usines françaises.

Le nombre d'heures de travail doit-il être égal pour tous les métiers?

— Non, parce que tous les métiers ne sont pas également fatigants.

Citez des exemples :

— L'ouvrier *mineur* fatigue plus en neuf heures que l'ouvrier tisserand en dix heures. L'ouvrier *verrier* fatigue plus en huit heures que le laboureur en douze heures.

Le mineur et le verrier ne doivent donc pas avoir la même journée que le tisserand et le laboureur.

Que pensez-vous de la journée de huit heures?

— On peut fixer à neuf heures et même à huit la durée des travaux *très fatigants* et très rémunérateurs, mais ne travailler que huit heures dans l'industrie textile, c'est condamner l'ouvrier à *mourir de faim.*

Pourquoi?

— Parce qu'en huit heures, le tisserand, le fileur, le rattacheur ne gagneraient pas *de quoi vivre.*

Et si on forçait à donner le même salaire *pour huit heures que pour onze heures?*

— Les fabriques, travaillant à perte, devraient toutes fermer et l'ouvrier serait sur le pavé.

Qui est-ce qui doit régler les heures de travail dans chaque corporation?

— C'est le *conseil de corporation* qui doit examiner et décider sans s'occuper des affaires de la politique.

Pour étudier à fond l'application de la loi Millerand-Colliard, des questionnaires avaient été lancés, les réponses collectionnées, et un soir après notre travail, nous relisions le rapport d'ensemble à soumettre à la réunion des commissions quand arrivèrent des camarades de Paris (1).

Le Petit Jaune, février 1902.

Le mercredi 15 janvier, les délégués de la Bourse du travail indépendante de Paris arrivent à Tourcoing en tournée de propagande; ils s'amènent à la permanence de notre Fédération, on cause, ils nous racontent leur visite à *Millerand,* qui leur a tourné le dos, et leur entrevue avec *M. Loubet,* président de la République, qui leur a serré la main et donné des paroles d'encouragement... tout ce que vous avez lu dans le dernier numéro du *Petit Jaune,* quoi!

— Ça tombe bien, camarades, nous avons demain jeudi 16 janvier une réunion générale de toutes les commissions des syndicats pour étudier le rapport sur l'application de la loi de dix heures et demie, voulez-vous venir parler?

— C'est entendu.

Les voilà repartis par le train de dix heures en pro-

(1) Au sujet de nos rapports avec les divers groupements qui se sont succédé à Paris, nous prions le lecteur de se reporter à la déclaration faite en tête de ce livre.

mettant qu'un délégué de la Bourse du travail reviendrait le lendemain.

Jeudi soir, le camarade *Biétry* était là. Vous dire le
plaisir que nous avons eu, c'est pas possible! Il a parlé
trois quarts d'heure devant toutes les commissions de
nos syndicats, sa parole nous a tous émotionnés; on
aurait entendu une mouche *bruire*, et lorsque *Biétry*
nous a quittés pour reprendre le train de Paris, on lui
en a chanté un *Vivat!*... Je ne vous dis que ça!

Plus on en a, plus on en veut, c'est comme dans la
chanson, *l'appétit vient en mangeant*.

Une assemblée générale de tous nos syndiqués était
convoquée pour le 2 février, nous invitons les camarades de Paris à venir parler.

Dimanche 2 février, à cinq heures un quart, avait
lieu l'Assemblée générale extraordinaire convoquée par
le Conseil fédéral pour examiner et voter le rapport
sur la loi de dix heures et demie.

A leur entrée dans la salle, les délégués sont accueil-
lis par d'enthousiastes applaudissements, et l'ouvrier
président de l'Union fédérale de filature les présente
aux syndiqués.

« MESSIEURS ET CHERS CAMARADES,

« Nous avons aujourd'hui l'insigne honneur de posséder MM. les délégués de la Bourse du travail indépendante de Paris.

« En votre nom, je les prie d'être nos intermédiaires
pour présenter « nos revendications » aux autorités
compétentes de Paris.

« Chers camarades, si on nous demandait pourquoi
nous sommes réunis aujourd'hui, il faudrait répondre :
Nous sommes ici pour étudier et défendre nos « inté-

rêts professionnels. » Nous sommes syndiqués pour défendre notre salaire, notre pain et celui de nos enfants, et empêcher l'industrie de quitter le pays. Voilà la vérité.

« Ce que nous voulons?

« Nous voulons créer dans tous les centres travailleurs des syndicats destinés à défendre les intérêts professionnels et économiques des ouvriers, et contribuer par ce moyen à rendre l'ouvrier *libre* et *indépendant*.

« Pas de politique », rien que les questions de l'ouvrage. Les politiciens qui attisent les haines et excitent les luttes des classes ont été qualifiés par M. Loubet, président de la République, de « niais » et « misérables » ; cela, il faut le répéter partout. Oui, M. Loubet a raison, ce sont des « niais » ou des « misérables », c'est-à-dire des scélérats; ils nous ont mis dans la misère avec leurs grèves et leurs raclées sociales : « A bas les politiciens !! » Nous n'en voulons plus.

« Camarades, pour nous syndiquer il a fallu combattre comme les Boers; encore aujourd'hui; il y a des ateliers dans Tourcoing où les Jaunes sont *persécutés;* si le contremaître est Rouge, l'ouvrier jaune aura du mauvais travail. Mais, comme les Boers, nous ne reculerons jamais, parce que nous voulons reconquérir notre liberté.

« Nous nous sommes réunis pour défendre nos salaires contre une loi qui va les faire baisser.

« Tous, dans vos groupements, vous avez été appelés à donner votre avis au sujet de l'application de la loi de dix heures et demie par jour. Tous ces avis ont été réunis, étudiés et condensés en un rapport qui a été élaboré à la réunion générale de toutes vos commissions de syndicats; ce rapport, nous vous demandons de l'approuver par un vote qui sera fait après la lecture, et de confirmer à votre Conseil fédéral les pouvoirs que vous lui avez déjà donnés, afin qu'il puisse, en votre nom, faire valoir vos justes revendications auprès des autorités compétentes de Paris. » (*Vifs applaudissements.*)

Le secrétaire général de la Fédération donne ensuite lecture du rapport suivant, soumis au vote de tous les syndiqués :

Unions fédérales de triage et peignage, de filature et de tissage de Tourcoing.

Rapport aux autorités compétentes au sujet des conséquences de l'application, au 1ᵉʳ avril prochain, de la loi du 31 mars 1900 pour une durée de dix heures et demie de travail.

Les Syndicats ayant étudié séparément la question, les commissions réunies en Assemblée générale le 16 janvier, ont élaboré d'après les études des Syndicats.

Conséquences de l'application de la loi sur la réduction des heures de travail.

Quand la loi de onze heures a été appliquée le 1ᵉʳ avril 1900, il y a eu des grèves parce que la diminution des heures de travail devait amener une diminution de salaire.

Presque tous les industriels ont remanié leurs tarifs, de manière à ce que l'ouvrier puisse gagner en onze heures un salaire égal à ce qu'il gagnait sur la production moyenne de onze heures et demie, laissant à l'ouvrier le soin de rattraper la différence d'une demi-heure par un regain de production.

Pendant quelques mois, les salaires n'ont guère

diminué, parce que, par un effort constant et un surme-
nage, les ouvriers sont arrivés à donner en onze heures
de travail presque la même production qu'en onze
heures et demie; mais cette tension et cette continuité
d'efforts n'ont pas pu tenir.

I. — *Le salaire de l'ouvrier a diminué.*

Peu à peu la production a diminué, elle a été ramé-
née à la production moyenne proportionnelle au
nombre d'heures, comme cela existait avant l'application de la loi de onze heures.

L'expérience est donc venue prouver qu'il est impossible à l'ouvrier de donner d'une manière constante un
effort supplémentaire pour arriver à gagner en onze
heures ce qu'il gagnait en onze heures et demie.

II. — *Le travail a diminué.*

D'autre part, la diminution de production et les tarifs
remaniés ont augmenté les « frais généraux » et les
prix de revient des matières fabriquées. Il est devenu
impossible de soutenir la concurrence étrangère. Depuis
l'application de la loi de onze heures, le travail a toujours diminué dans l'industrie du Nord; à Tourcoing
plusieurs usines sont arrêtées, et dans les autres, si on
travaille, on perd du temps.

Dans le « tissage », parfois la moitié des métiers
chôment et l'ouvrier qui ne travaille plus que sur un
métier ne gagne plus de quoi vivre.

Des industriels de nos centres manufacturiers sont
allés établir leurs usines de l'autre côté de la frontière
où quatorze étaient en construction ces années dernières, et nos métiers à tisser battent en Belgique pour
arriver à produire dans de meilleures conditions; c'est

là une concurrence terrible pour le travail français. L'administration des douanes pourrait dire combien de métiers ayant battu en France sont passés en Belgique pendant l'année 1900.

III. — *La confiance diminue.*

D'autre part, les changements successifs dans la durée du travail sont chaque fois motifs à conflits et à grèves.

Les commerçants-négociants en tissus n'ont plus de garanties au sujet des livraisons à dates fixes et remettent leurs ordres à l'étranger au lieu de les remettre sur nos places industrielles.

Plusieurs usines ont déjà fermé, beaucoup ont diminué leur personnel, d'autres se préparent à le faire.

IV. — *L'apprentissage devient impossible.*

Étant donné que la loi de 1848 sur le travail de douze heures est encore en vigueur pour les hommes majeurs, à la condition qu'il ne se trouve pas dans les mêmes locaux des femmes ou des enfants mineurs, et d'autre part, que la loi du 31 mars 1900 réduira au 1ᵉʳ avril prochain le travail à dix heures et demie pour les femmes et les enfants mineurs ainsi que pour les hommes qui travailleront dans les mêmes locaux, il s'ensuivra forcément que, pour soutenir la concurrence, on organisera des ateliers séparés dans lesquels on n'emploiera d'un côté que des hommes majeurs, qui dans une partie de l'atelier pourront travailler douze heures. Les enfants seront relégués, « là où en prendra encore », dans une salle dite d'apprentissage dans laquelle on donnera forcément des travaux faciles et de peu de rapport, de sorte qu'il sera impossible aux

garçons de gagner une semaine qui puisse aider aux
besoins du ménage avant qu'ils aient atteint leur
majorité. En faisant ces petits travaux faciles ils ne
seront encore que des apprentis pour les travaux plus
compliqués quand ils seront en âge de passer dans les
ateliers des hommes; ajoutons encore que l'apprentissage en souffrira au point de vue de la capacité des
ouvriers, car beaucoup de pères de famille sollicitent
généralement, et obtiennent presque toujours, d'apprendre eux-mêmes leur métier à leurs fils, qui travaillent sous la surveillance du père de famille ayant
tout intérêt à bien apprendre à ses enfants : avec la loi
de dix heures et demie, la chose deviendra impossible.

Enfin, étant donné le déplacement de quelques fabriques installées de l'autre côté de la frontière, les
Belges qui sont à deux ou trois kilomètres d'ici formeront de bons ouvriers, parce qu'ils ne sont pas soumis aux mêmes lois; ils nous enverront ces ouvriers
quand ils sauront bien travailler, et qu'ils auront atteint
l'âge légal pour pouvoir travailler douze heures en
France. Ces ouvriers, par l'avantage de leurs connaissances, par la supériorité qu'ils auront sur nous au
point de vue du travail et, d'autre part, se contentant
d'un salaire moindre, attendu qu'ils vivent chez eux à
moitié meilleur marché qu'ici et que, par la loi militaire de leur pays, plus de 50 pour 100 sont dispensés
du service, et, pendant que nos garçons servent la
Patrie, peuvent se perfectionner dans leur métier; ils
seront forcément préférés, si bien que le travail sera
pour les étrangers au détriment des ouvriers français,
et ces derniers deviendront par la force même des
choses manœuvres des ouvriers étrangers.

A ces considérations on peut ajouter qu'en certains

endroits les ouvriers belges sont l'objet de préférences marquées, de la part de ceux qui sont chargés de l'embauchage pour le travail, à cause de la facilité qu'ils ont, en passant tous les jours la frontière, de rapporter des marchandises de contrebande : café, poivre, allumettes, tabac, etc., qui coûtent 50 pour 100 meilleur marché en Belgique qu'ici.

V. — *L'industrie nationale est menacée.*

Au point de vue des gens de métiers, quels qu'ils soient : menuisiers, mécaniciens, plombiers, etc., il deviendra impossible d'apprendre un métier à nos enfants, attendu qu'il serait onéreux pour les patrons exerçant l'une de ces professions de réduire la journée à dix heures et demie pour tout un atelier, parce que dans cet atelier il y aurait quelques apprentis, tandis qu'ils pourraient faire travailler douze heures s'ils n'en avaient pas.

Pour toutes ces catégories d'ouvriers la Belgique, notre voisine, se chargera de faire de bons ouvriers parmi ses nationaux pour nous les envoyer ici, quand ils seront formés, en sorte que l'application de cette loi ouvrira toutes grandes les portes de nos cités industrielles aux ouvriers étrangers au détriment des ouvriers français qui, chez eux, ne trouveront plus de travail quand il y en aura pour les étrangers, ou seront les manœuvres de ces derniers.

Ces *industries*, qui fournissent à nos arsenaux les meilleurs ouvriers pour la fabrication des armes et des mécaniciens pour la marine, passeront *aux mains d'étrangers.*

Pour ces motifs : *les Syndicats unis dans les Unions fédérales de triage et peignage, de filature et de tissage* demandent :

8

1° *De surseoir au 1er avril prochain à l'application de la loi du 31 mars 1900, en ce qui concerne la réduction de la journée de travail à dix heures et demie, jusqu'à ce qu'il intervienne une entente internationale entre toutes les puissances de l'Europe — pour ne pas exposer notre industrie à partir à l'étranger;*

2° *De fixer pour tous indistinctement la durée du travail à onze heures, pour garantir l'apprentissage contre l'invasion des ouvriers étrangers.*

Deux mille votants.

Aucun local n'étant assez grand pour réunir nos 3,300 syndiqués, quatre réunions ont eu lieu dans la journée; on a voté *sous enveloppe cachetée* contenant deux bulletins, un *jaune* et un couleur *cuir*. Le jaune laissé dans l'enveloppe était l'approbation du rapport; le dépouillement a été fait par des syndiqués de bonne volonté, pris en dehors des commissions syndicales. Sur *deux mille* votants, *dix-sept* seulement ont voté contre. Tous les autres ont voté *jaune*, c'est-à-dire *pour* le rapport.

Ce rapport a été adressé au ministère du Commerce et remis à M. le Maire de Tourcoing avec prière de s'en occuper comme député. (Voir le procès-verbal de la comparution et la polémique qui a suivi, page 15, chapitre premier, premier paragraphe.)

Plusieurs fois depuis 1902 M. Biétry nous a redit combien il avait été impressionné en voyant la liberté complète et le résultat du vote; mais après la réunion du 16 janvier, c'est le futur député de Brest que l'Assemblée désirait entendre. Le *Petit Jaune* aurait voulu publier en entier son magistral discours; il dut se contenter du pâle résumé suivant.

DISCOURS DE M. PIERRE BIÉTRY

Je voudrais vous dire quelques mots de l'organisation syndicale *collectiviste*, c'est-à-dire syndicat *rouge*.

Dès le début de notre organisation, nos adversaires nous ont appelés comme par dédain *les Jaunes*. Eh bien ! nous l'acceptons bien volontiers ce nom et nous devons en être fiers. Le jaune n'est-il pas la couleur du *soleil*, de la moisson qui mûrit, de *l'or ?* Ce drapeau qui est le nôtre est l'emblème de la prospérité et des vrais travailleurs, qui demandent au travail la subsistance et l'honneur, tandis que *les Rouges* qui arborent leur loque qui a traîné dans la fange et dans le sang est un emblème qui doit faire horreur à tous les honnêtes gens.

Un sur soixante-douze.

Les statistiques prouvent qu'en France il y a une moyenne d'un travailleur sur soixante-douze qui fait partie d'un syndicat, et comme il y a quelque temps il n'y avait pour ainsi dire que des syndicats rouges, cette minorité prétendait imposer ses volontés à la grande majorité des travailleurs insouciants. C'est ainsi que des grèves conçues en petit comité ont trouvé des exécuteurs inconscients parmi les ouvriers non syndiqués, parce que ceux-ci n'avaient pas d'organisation et ne pouvaient suivre que les meneurs.

La grève générale des mineurs décidée en principe dans un congrès où tous ceux qui y assistaient étaient des meneurs qui avaient tous intérêt à pousser les ouvriers à la grève, c'est-à-dire à la ruine et à la misère noire, n'a pu aboutir ; d'ailleurs, elle est impossible.

Chambardement.

Accordons pour un instant aux collectivistes que leurs *utopies* deviennent des réalités, que le patron soit supprimé et que l'outil, c'est-à-dire l'usine et son matériel, devienne la propriété de la collectivité, qu'arriverait-il? — Nous voilà au chambardement; le premier jour, il est tout naturel que pour fêter la victoire on fasse *la noce;* le second jour il faut un lendemain à une aussi belle fête; mais après?... On a bien des vivres pour quelques jours, mais pas indéfiniment.

Les vivres manquant, on s'adresse au *boulanger*, qui ne se croit pas plus obligé de travailler que les autres, attendu que les autres n'ont encore rien *fait;* on se chamaille; on finit par obtenir du pain, parce que le boulanger en a besoin pour lui; tout est remis en place, **on recommence le travail,** mais *plus personne n'est content de sa place*, le patron a été mis à la porte, les employés, qui sont des propres à rien, *n'en faut plus!* les contremaîtres qui surveillent le travail sont mis sur le pavé, on veut travailler et on se trouve en face d'une machine qu'on ne sait pas faire *tourner*.

Nécessité d'une entente internationale.

L'orateur démontre ensuite qu'il est nécessaire, au point de vue *du travail*, d'avoir une entente internationale, non seulement pour protéger les ouvriers, mais aussi pour sauvegarder notre industrie et notre commerce.

Tous les ouvriers sont d'accord sur un point : c'est que la production augmentant toujours nécessite *une diminution de travail;* tout le monde ne demanderait *pas mieux que de travailler huit heures* et de gagner un salaire suffisant pour subvenir aux besoins de sa famille ; mais alors que faut-il ?

Il faut, que si on ne travaille que huit heures en France, on ne puisse travailler davantage dans les autres puissances, car alors ce seraient les ouvriers qui seraient les premiers dupés. En effet, l'acheteur, que veut-il ?... Acheter au meilleur marché, et il est tout naturel que si l'étranger peut produire dans des conditions meilleures, l'acheteur aille s'approvisionner là où il trouvera son compte.

La loi de dix heures et demie est contraire aux intérêts des travailleurs.

C'est pourquoi *la loi sur la réduction progressive des heures de travail est contraire aux intérêts de l'industrie*, mais elle est surtout *contraire aux intérêts des travailleurs*, parce que les commandes fabriquées à l'étranger le privent du travail qui lui est nécessaire pour vivre.

M. Biétry conclut en demandant à l'assistance de faire *une grande propagande* pour amener beaucoup de Jaunes dans les syndicats, afin que par le nombre nous ayons la force d'en imposer, s'il le faut, aux autorités, pour les forcer à défendre les intérêts des travailleurs.

Henri Duquesne, président de l'Union fédérale de filature, remercie *M. Pierre Biétry* qui, pour la seconde fois, parle à nos syndiqués et dont *le zèle égale l'éloquence*.

Il est huit heures du soir ; pour terminer, le président propose à l'assemblée l'ordre du jour suivant :

« Comme président de la Fédération syndicale de l'industrie tourquennoise, je vous demande de voter des remerciements aux délégués qui sont venus de Paris nous apporter des paroles d'encouragement et

Juger par eux-mêmes du mouvement des Jaunes à Tourcoing. » *(Applaudissements.)*

Vos paroles ont fortifié nos cœurs pour le combat... Au revoir, à bientôt... au Congrès national des ouvriers indépendants à la Bourse du travail à Paris !

L'assemblée se lève comme un seul homme et entonne un formidable *vivat* en l'honneur des délégués qui sont visiblement émus de sentir la grande cordialité avec laquelle ils ont été reçus à Tourcoing.

***

Quelques jours après nous étions au congrès de Paris. Le 27 mars 1902, à la deuxième séance présidée par le camarade *Perse*, président du Syndicat des corporations ouvrières des *Forges de l'Adour*, on abordait la question des *conditions du travail dans l'industrie textile* et nous lisions devant l'assemblée notre rapport approuvé par notre Fédération et présenté à M. Dron(1).

A quatre années de distance il est instructif de reproduire ici la discussion qui suivit et aboutit au vote d'un des articles du programme des Jaunes.

M. VERLEYE. — Je demande la parole.

LE PRÉSIDENT. — La parole est à M. Verleye, de la bijouterie.

M. VERLEYE. — J'appuie tout particulièrement sur le deuxième vœu du délégué de Tourcoing. Notre industrie est, elle aussi, en proie à ce mal : le manque d'apprentis; la cause dite par notre camarade est un des facteurs de cette pénurie de talents futurs, et aussi

(1) Voir à la fin du chapitre premier de la première partie le compte rendu de notre entrevue.

l'intérêt peu entendu de certains ouvriers qui refusent la formation des apprentis à cause, disent-ils, de la concurrence que ceux-ci ne manqueraient pas de leur faire plus tard. Or, cette considération entraîne, de par le manque d'ouvriers français, l'emploi d'une trop grande quantité d'ouvriers étrangers. Pourtant si, pour nous, il y a plusieurs facteurs à cette pénurie d'apprentis, il n'en est pas moins exact que la cause énoncée par notre Camarade existe avec sa forme spéciale, et c'est pourquoi j'appuie son vœu. *(Très bien!)*

M. PALAMÈDE, délégué de Seclin, et M. JOORIS, de Lille, appuient les conclusions du rapport du délégué de Tourcoing, qu'ils félicitent de son consciencieux travail.

LE PRÉSIDENT. — La parole est à M. Leclerc, de Lille.

M. LECLERC. — Je le regrette beaucoup, mais je n'appuie point les conclusions de notre camarade de Tourcoing. *(Mouvements divers.)* Il faut, à mon avis, une réglementation des conditions du travail, et je regrette profondément les tendances de ce congrès ouvrier à empêcher le cours de la loi actuelle sur la réglementation des heures de travail.

UNE VOIX. — Ce n'est pas notre avis.

Il faut, selon moi, réglementer la production pour empêcher la surproduction, qui toujours traîne avec elle des chômages et des diminutions de salaires. Je ne dis pas que je suis absolument partisan d'une réglementation uniforme, et frappant en tous endroits les mêmes coups pour les mêmes motifs, mais je n'en reste pas moins partisan d'une réglementation, dans des conditions à définir. *(Applaudissements. — C'est déjà mieux.)*

M. Palamède, de Seclin. — Mais nous aussi, nous
voulons une réglementation.

M. Fournier, de Saint-Étienne. — Mais parfaitement,
nous voulons tous une réglementation. *(Approbations
unanimes.)*

M. LE SECRÉTAIRE GÉNÉRAL. — Oui, mais nous voulons
une réglementation qui *protège* l'ouvrier et non qui
l'*opprime*. Or, une réglementation uniforme pour toute
la France, applicable à toutes les corporations ou
métiers, sans qu'il soit tenu compte des conditions et
des difficultés de travail par région et par corporation
de métier, cela ne s'appelle pas une réglementation,
c'est *une entrave apportée à la liberté du travail;* c'est la
porte ouverte à tous les abus et à la plus *effroyable* des
tyrannies. *(Applaudissements nourris.)* Il faut, par une
loi bien comprise, empêcher le patron d'abuser des
forces de ses collaborateurs dans des limites de temps
qui, *en aucun cas*, ne doivent dépasser douze heures de
travail. Mais, au-dessous de cette limite et pour certaines corporations surtout, la meilleure et la plus
utile de toutes les réglementations est celle qui inter-
viendra *librement entre patrons et ouvriers. (Très bien!)*

M. Palamède, de Seclin. — J'approuve absolument
cette théorie, et je suis convaincu que nos syndicats
jaunes, partout où ils se créeront, sauront obtenir des
patrons, par l'entente cordiale, des conditions de travail plus avantageuses pour l'ouvrier que celles qui
nous sont si bénévolement imposées par le monde de
la politique, qui, les trois quarts du temps, ne connaît
rien de nos désirs, de nos besoins, ni de nos intérêts.
(Parfaitement. — Applaudissements.)

UNE VOIX. — *C'est le monde de la politique qui est la cause
de tout le mal.*

Un échange de vues et une discussion très serrée et très courtoise a lieu entre plusieurs délégués; voici comment elle s'est terminée :

M. DARQUENNE, des métallurgistes de Denain. — Je reviens à l'idée émise tout à l'heure par un de nos camarades Lanoir. Il faut, en effet, une réglementation des heures de travail, mais il la faut *intelligente, raisonnée,* c'est-à-dire *d'une application pratique.* Ainsi, dans nos usines métallurgistes, différentes catégories de métiers *ne peuvent pas* fournir plus de dix heures de travail par jour, d'autres catégories, qui par la nature même de leurs travaux nécessitent plutôt *de la présence* qu'un travail *effectif et continu,* peuvent parfaitement *dépasser* cette limite. Notre camarade Perse, lui aussi, nous donnera dans le rapport qui nous a été soumis et qu'il a été chargé de présenter, de précieux enseignements.

M. BERNARD, de l'Office du travail du Cher. — Je suis partisan d'une réglementation des heures de travail, mais je voudrais voir l'État commencer, c'est-à-dire donner l'exemple dans tous les travaux qu'il entreprend par voie d'adjudication.

M. CARPILLON, des mines d'Anzin. — Je suis partisan de la réglementation des heures de travail, mais j'estime que cette réglementation doit être faite *directement d'ouvrier à patron.* Ainsi, dans les mines, nous ne concevons pas la réglementation telle que *l'armée politicienne* veut nous l'imposer. Nous consentons à ce que l'on ne fasse pas faire neuf heures à celui *qui ne veut en faire que huit,* mais qu'on en laisse faire *neuf et non huit* à celui qui en ressent *le besoin* et à qui sa constitution physique permet cet effort. *(Très bien! Applaudissements.)*

M. Caille, de la Liberté de Saint-Quentin. — A Saint-Quentin, la question de la réglementation des heures de travail est en partie résolue, grâce à certaines maisons où l'on faisait jusqu'à onze heures de travail et où l'on n'en fait plus que dix; l'exemple demande à être suivi partout où la réduction peut se faire sans porter préjudice à nos industries. (Applaudissements.)

M. Leclerc. — J'ai bien peur que par ces tendances à protester contre la loi de diminution des heures de travail, le Congrès ne défende les intérêts patronaux... (Oh! oh!)

Le Président. — Personne ne demande plus la parole sur cette question. Je vais mettre aux voix le vœu suivant :

« *Les membres du Congrès sont partisans de la réglementation des heures de travail, afin de diminuer la surproduction et de sauvegarder les intérêts ouvriers; mais ils repoussent le principe d'une réglementation uniforme pour toute la France et pour toutes les corporations ou métiers, sans qu'il soit tenu compte, par région et par corporation ou métier, des conditions et des difficultés du travail.* »

La première partie de cet ordre du jour est adoptée à l'unanimité.

La seconde, à l'unanimité moins deux voix.

*
**

Ce que nous avions affirmé dans notre rapport approuvé à l'unanimité par nos camarades s'est vérifié, notre salaire annuel a baissé, notre industrie quitte le pays, c'est ce que nous avons fait remarquer, le 21 janvier 1904, à la commission d'enquête parlementaire

en demandant plus d'*élasticité* dans la réglementation
des heures de travail.

LA LOI DE DIX HEURES

Déposition devant la commission d'enquête parlementaire.

M. LE PRÉSIDENT. — Votre rapport parle de l'application de la loi de dix heures. Vous dites que l'application de cette loi sera cause de l'émigration des établissement industriels vers l'étranger.

— En effet, nous constatons que depuis quelques
années la maison *Toulemonde* a fait construire un établissement à *Dottignies,* que la maison *Charles Six* a
fait construire uue filature à *Mouscron,* que la maison
Vanoutryve a fait construire *un tissage dans la même
ville* et que *ledit tissage* a été *doublé* l'année dernière, et
que la maison *Rombeau, de Tourcoing,* fait construire
actuellement, dans la *même localité, une fabrique de tapis;*
nous pensons que *la réduction à dix heures pour tous* ne
ferait qu'accentuer cette émigratiou et que deux poids
et deux mesures, quant à la durée du travail sont nui-
sibles à l'apprentissage.

A ce sujet le *président de l'Union fédérale de triage et
peignage* rappelle à M. le Président son entrevue avec
la Fédération il y a deux ans, quand il s'est agi de
l'application de la loi pour dix heures et demie; il lui
rappelle sa promesse *d'intervenir afin de ne plus avoir
deux poids et deux mesures;* il dit que dans les grandes
industries il est facile d'organiser le travail par catégories, les jeunes ouvriers se trouvent tous ensemble.
Ils n'ont pas là les éléments nécessaires pour apprendre
à devenir d'habiles ouvriers, étant donné le nombre

trop restreint d'hommes chargés de les former. A dix-huit ans, quand ils peuvent travailler onze ou douze heures, ils ne sont encore que *des demi-ouvriers*, et quand ils commencent à savoir exercer leur profession ils s'en vont au service; une fois rentrés ils ont oublié et ont perdu l'habitude de leur métier, ce qui nécessite un nouvel apprentissage, si bien qu'un garçon ne devient réellement ouvrier de sa profession qu'à vingt-cinq ans ! ! !

Ce système de travail, régi par deux lois suivant *les catégories,* est nuisible à l'apprentissage et surtout à la famille; s'il n'y avait qu'une loi, *la même pour tous,* il serait possible au père de famille d'apprendre à ses garçons; il conclut en demandant une loi unique avec un moyen terme comme durée de travail.

Le Président de l'Union fédérale de tissage demande comme pis aller, s'il était impossible d'avoir *onze heures pour tous* ou même de rester à dix heures et demie pour tous, d'adopter le système de soixante heures par semaine, avec faculté de travailler par exemple onze heures les cinq premiers jours de la semaine, cinq heures le samedi et faire le nettoyage ensuite.

M. le Président. — Quel avantage voyez-vous à ce système?

— Les ouvriers pourraient, le samedi après-midi, s'occuper des petits travaux de la maison; les jeunes filles pourraient aider au nettoyage. On éviterait les longues veillées du samedi soir là où le soin du nettoyage incombe à la ménagère travaillant encore en fabrique.

Les hommes pourraient faire leur réunion de syndicat et avoir leur pleine et entière liberté de passer leur dimanche en famille.

M. Jaurès. — Vous demandez donc soixante heures par semaine avec permission pour tous de travailler onze heures les premiers jours de la semaine.

— Nous demandons cela comme *pis aller*, nous préférerions, comme nous l'avons demandé dans des rapports précédents sur cette question, avoir une loi fixant à *onze heures par jour la durée du travail pour tous*.

M. Jaurès. — Êtes-vous bien certains que ce système conviendrait aux patrons?

— A ce sujet *nous n'avons pas à consulter les patrons*, nous émettons un vœu, mais nous croyons que les patrons ne pourraient pas y être hostiles étant donné qu'il y va de leur intérêt comme du nôtre.

Le Président de l'Union fédérale de filature. — En résumé, voici ce que nous désirons :

Une loi unique fixant à onze heures, même à dix heures et demie, la journée de travail pour tous indistinctement, et, pour le cas où il faudrait en arriver à dix heures, nous demandons que la loi fixe à soixante heures par semaine la durée du travail effectif, le temps de nettoyage non compris dans ces soixante heures, avec faculté de répartir cette durée au mieux des intérêts des ouvriers.

M. Jaurès. — Il y a des industries qui demandent un nettoyage journalier.

— Ces industries ne demandent qu'un nettoyage de courte durée, qui ne dépasse généralement pas quinze minutes par jour, tandis que d'autres, comme la filature par exemple, demandent environ deux heures par semaine en une seule fois.

Il serait donc facile d'organiser le travail comme ceci : onze heures les cinq premiers jours de la semaine, ce qui ferait cinquante-cinq heures; cinq heures le samedi : en commençant à travailler à 6 heures jusqu'à 11 h. 20, étant donné un repos de vingt minutes à 8 heures, il resterait une heure quarante pour nettoyer jusqu'à une heure, heure à laquelle on pourrait fixer la sortie des ateliers.

LE « PETIT JAUNE » AU SÉNAT

Le 24 mars 1904, le Sénat discutait la proposition de loi tendant à modifier la loi sur le travail des enfants, filles mineures et femmes dans les établissements industriels; nous reproduisons ici le *Journal officiel*, page 361.

LE PRÉSIDENT. — Nous passons maintenant au paragraphe 6, paragraphe additionnel proposé par la commission.

La question du nettoyage. — Le Sénat adopte contre l'avis du gouvernement le projet présenté par la Fédération de Tourcoing à la Commission d'enquête parlementaire.

« Paragraphe 6 (paragraphe additionnel). — En dehors des heures fixées au paragraphe 1er pour le travail effectif, il pourra être procédé, après arrêt des moteurs autres que ceux de l'éclairage, *au nettoyage des métiers et machines productrices, sans que le temps réservé à ces opérations puisse dépasser deux heures par semaine*, et sans que le total de la journée, nettoyage compris, puisse excéder *onze heures*. Dans l'horaire prévu par l'article 11 de la présente loi, le temps et les jours affectés au nettoyage devront être indiqués. »

M. MÉLINE, président de la commission. — Je demande la parole.

M. LE PRÉSIDENT. — La parole est à M. le Président de la commission.

M. LE PRÉSIDENT DE LA COMMISSION. — L'article actuellement soumis aux délibérations du Sénat étant *un des plus importants de la loi, dont il est en quelque sorte le cœur,* je lui demande la permission de lui fournir quelques explications destinées à éclairer son vote. Elles sont d'autant plus nécessaires que, sur cet article, nous nous trouvons *en dissentiment avec le gouvernement.*

Le but de l'article additionnel est de mettre l'opération du nettoyage des machines et des métiers en dehors des heures réglementaires de la journée de travail. La journée va être fixée à dix heures; il sera interdit à l'industriel de nettoyer ses machines en dehors de ces dix heures; il faut qu'il prélève sur le temps normal du travail celui qui est nécessaire à cette opération.

(Après plusieurs autres considérations, le Président de la commission apporte à la tribune l'opinion des *représentants ouvriers.* Voici comment il termine son discours.)

Les ouvriers pensent qu'une heure et demie serait suffisante; votre commission estime que le maximum devrait être de deux heures. Mais c'est la seule différence qui existe entre nous.

La même réponse a été faite, il y a peu de temps, à la commission de l'industrie textile, quand elle s'est transportée dans le département du Nord. Voici ce que déclarait devant elle le président de *l'Union fédérale des ouvriers des filatures :*

Citation empruntée au « Petit Jaune ».

« Une loi unique fixant à onze heures, même à dix heures et demie, la journée de travail pour tous indistinctement et, pour le cas où il faudrait en arriver à dix heures, nous demanderons que la loi fixe à soixante heures par semaine la durée du travail effectif, le temps de nettoyage non compris dans ces soixante heures avec faculté de répartir cette durée au mieux des intérêts des ouvriers. »

M. JAURÈS, qui était présent, interrompt et dit : « Il y a des industries qui demandent un nettoyage particulier. » Et le président du Syndicat reprend :

« Ces industries ne demandent qu'un nettoyage de courte durée qui ne dépasse généralement pas quinze minutes par jour, tandis que d'autres, comme la filature par exemple, demandent environ deux heures par semaine en une seule fois.

« Il serait facile d'organiser le travail comme ceci : onze heures les cinq premiers jours de la semaine... » — c'est notre projet, messieurs — « ... Ce qui ferait cinquante-cinq heures; cinq heures le samedi, en commençant à travailler à 6 heures jusqu'à 11 h. 20; étant donné un repos de vingt minutes à 8 heures, il resterait une heure quarante pour nettoyer jusqu'à une heure, heure à laquelle on pourrait fixer la sortie des ateliers. »

Demande de scrutin.

Voilà comment les ouvriers, *quand on les consulte*, règlent eux-mêmes la distribution de leur travail. J'ai donc le droit de dire que je parle ici autant *dans leur intérêt* que dans celui des patrons. Ce qu'il faut que le Sénat retienne bien, c'est ceci : Si l'on compte les heures de nettoyage dans les heures réglementaires de la journée de travail, au mois d'avril prochain, avec le système actuellement employé pour le nettoyage, ce ne sera pas la journée de dix heures, cependant déjà si courte, ce sera la journée de *neuf heures trois quarts* et moins qui sera imposée à l'industrie.

Je termine, messieurs, sur cette considération, et je rappelle au Sénat que notre proposition a pour but de garantir *la sécurité des ouvriers.*

M. TILLAYE. — C'est le meilleur argument.

M. LE PRÉSIDENT DE LA COMMISSION. — C'est certainement un des arguments *les plus vrais.*

En même temps, messieurs, elle a pour but de les aider à *conserver leur salaire.*

Je ne saurais trop insister devant vous sur la situation d'infériorité dans laquelle va se trouver notre industrie vis-à-vis *de l'étranger;* tout ce qui pourra l'améliorer et relever si peu que ce soit notre production aura l'avantage de venir en aide à nos ouvriers, et c'est pour cela, messieurs, que nous croyons devoir insister auprès du Sénat pour l'adoption de notre article. (*Très bien! très bien! et applaudissements sur un grand nombre de bancs.*)

M. LE MINISTRE. — Je demande la parole.

M. LE PRÉSIDENT. — La parole est à M. le Ministre.

M. LE MINISTRE. — Messieurs, le gouvernement veut, à son tour, appeler toute l'attention du Sénat sur le paragraphe additionnel actuellement en discussion, et dont *la gravité est particulière.*

(*M. Trouillot combat le projet de la commission et termine ainsi son discours.*)

Je demande au Sénat de ne pas revenir en arrière et de ne pas aboutir, en établissant un travail supplémentaire de près d'une demi-heure par jour, *à la suppression du dernier palier* de la loi de 1900. (*Très bien! très bien! à gauche.*)

Sur plusieurs bancs. — Aux voix! Aux voix!

M. Victor Leydet, de sa place. — Monsieur le Président, pour mieux marquer notre opinion, nous avons présenté une demande *de scrutin* sur ce paragraphe, qui nous paraît d'une grande importance, comme vient de le dire M. le Ministre. Je déclare, au nom de mes amis et au mien, que nous nous associons aux déclarations du gouvernement en faveur du maintien de la loi de 1900 qui a été une loi de progrès, conforme aux améliorations générales réalisées pour les femmes et les enfants dans la plupart des nations étrangères, quoi qu'on en ait dit.

Le projet qui nous est soumis constitue *un recul* et une aggravation, avant même que la loi de 1900 ait pu être appliquée et jugée dans ses résultats. Nous ne pouvons le voter.

Résultat du scrutin sur le paragraphe additionnel à l'article 3.

M. le Président. — Voici, messieurs, le résultat du scrutin sur le paragraphe additionnel à l'article 3 de la loi du 2 novembre 1892 :

Nombre des votants............	271
Majorité absolue...............	136
Pour l'adoption........	148
Contre...............	123

Le Sénat a adopté.

CHAPITRE V

Un four complet. — Incendie d'une filature. — On double la
cotisation. — « L'indépendance syndicale. » — Vote original.
— La tête du contrôleur, s. v. p. — Trois ans de prospérité.

Dès sa fondation, notre Fédération s'occupa de chercher un remède au fléau du chômage. Le premier essai
fut *une Caisse d'épargne de chômage à primes variables.*

Voici quelques articles des statuts :

ART. 2. — L'ouvrier ou l'employé qui désire faire
partie de la Caisse de chômage devra se procurer un
livret de Caisse d'épargne de l'État. Il restera déposi-
taire de ce livret et aura toute latitude pour faire des
versements quand et comme il lui plaira.

Il viendra faire inscrire à la Caisse de chômage le
numéro de ce livret, en s'engageant à *ne retirer ses versements qu'en cas de chômage.*

ART. 3. — *En cas de chômage,* le déposant qui désirera
opérer un retrait devra faire une déclaration au Syndicat central de la Fédération ; il devra indiquer son
domicile exact, le nom de son dernier patron et la
cause de son chômage.

ART. 4. — Le secrétaire de la Caisse de chômage
donnera l'autorisation de retirer les sommes inscrites

au livret, puis, sur constatation que le retrait a été opéré et que le chômage a réellement existé, il majorera le retrait dans la proportion décidée par le Conseil d'administration, vu l'état de la Caisse.

ART. 5. — Les retraits ne seront jamais majorés qu'à concurrence de 2 francs maximum par jour de chômage. En aucun cas le montant des retraits majorés ne pourra dépasser 150 francs par an.

Les majorations ne seront, en tous cas, accordées que sur les sommes *déposées depuis trois mois au moins*.

ART. 9. — Dans les chômages qui proviendront d'un conflit, le Conseil de conciliation et d'arbitrage se réunira obligatoirement.

S'il déclare que le bon droit est du côté du patron, l'ouvrier pourra retirer son argent de la Caisse d'épargne, mais sans majoration.

S'il déclare que le bon droit est du côté des ouvriers, ou s'il y a doute l'ouvrier pourra retirer son argent avec majoration.

***

L'échec fut complet; si nous avions interrogé tous nos camarades, ils nous auraient répondu : *L'ouvrier ne veut pas qu'on sache ce qu'il a sur son livret de Caisse d'épargne.*

Nous avions fait fausse route.

Deux ans après, l'incendie d'une filature remit brusquement la question à l'ordre du jour.

Le 5 septembre 1902, le *Petit Jaune* en profitait pour montrer aux syndiqués la nécessité et la possibilité de porter remède au chômage collectif.

Le chômage, voilà un des ennemis les plus terribles de l'ouvrier. Ah! ceux qui ont passé par là le savent bien et ce mot-là leur en dit bien long... pour sûr.

Chômage, ça veut dire, *plus de semaine, plus d'ouvrage... plus de tartines* à donner aux gosses qui crient : J'ai faim.

Chômage, ça veut dire *des dettes*, toujours des dettes, heureux quand le propriétaire ne vous met pas sur la rue parce qu'on ne paie plus de loyer... Est-ce vrai?

Il y a deux sortes de chômage : le chômage individuel et le chômage collectif.

Le chômage individuel n'atteint en général qu'un seul membre d'une famille, les autres continuent à gagner, on peut encore s'en tirer... à peu près!

Ce qu'il y a de terrible, d'*épouvantable,* c'est le chômage collectif.

** ***

Le chômage collectif c'est celui qui met d'un seul coup sur le pavé tous les ouvriers d'une usine.

Un accident à la machine, une usine qui ferme, un atelier dévoré par l'incendie et voilà 200, 300 ouvriers sans pain!...

Que faire?

Le feu a détruit les métiers, il faudra au patron des mois et des mois pour déblayer, démolir, monter de nouveaux métiers, faire revenir aussi... *les commandes* et tourner.

Pendant tout ce temps-là, qui va donner à manger aux ouvriers, aux ouvrières, qui parfois depuis dix ans, depuis vingt ans, gagnaient leur vie dans cet atelier?

En voilà un problème qui n'est pas du tout facile à résoudre !

Eh bien ! la Fédération, qui depuis bientôt deux ans a créé une multitude d'œuvres pour l'ouvrier, vient de travailler avec succès à combattre ce terrible ennemi de l'ouvrier qui s'appelle *le chômage collectif.*

Écoutez, camarades, ce ne sont pas des promesses ou des vœux, mais *des faits*... ça vaut mieux, n'est-ce pas ?

*
* *

Dans la filature Motte-Dewavrin qui vient de brûler, nous avions beaucoup d'ouvriers et d'ouvrières syndiqués.

J'en appelle à votre cœur, camarades, à la vraie solidarité qui unit entre eux les ouvriers jaunes, est-ce qu'il était possible de laisser nos syndiqués sur le pavé ?

Non, mille fois non, il nous fallait vite *des places* et *de l'argent.*

Comment faire pour avoir des places ?

Immédiatement tous nos syndiqués en chômage ont été inscrits sur le grand registre de *notre Bourse du travail*, on a multiplié les démarches et bon nombre de nos syndiqués ont été placés tout de suite.

Je profite de l'occasion pour remercier ici toutes les personnes qui nous ont aidés à placer nos camarades, elles ont droit à la reconnaissance de tous les ouvriers fédérés.

Plusieurs de nos syndiqués sont encore sans place, nous ne pouvons pas les laisser mourir de faim, donc il nous fallait de l'argent.

A qui s'adresser pour avoir de l'argent ?

Un rattacheur, président de syndicat, a eu l'idée de s'adresser aux ouvriers fédérés : les gros sous de l'ouvrier, ces gros sous que le travailleur prend sur son salaire, sont tombés comme la grêle.

Il y eut un magnifique concours entre les syndicats pour savoir qui donnerait le plus, et quand le défilé des syndiqués sans place s'est présenté au Syndicat central, chacun a été étonné de recevoir 15 francs.

Voilà un magnifique résultat; mais ce n'est pas tout et nous espérons bien soutenir *tous* nos syndiqués jusqu'à ce qu'ils trouvent une place ou qu'ils recommencent le travail chez Motte-Dewavrin.

Grâce à *notre Bourse du travail* et à la générosité de nos camarades, nous aurons résolu le terrible problème du chômage collectif.

***

A l'Assemblée générale du 21 septembre, Henri Duquesne, président de l'Union fédérale de filature, proposait à ses camarades d'étudier l'assurance contre le chômage collectif.

MESSIEURS ET CHERS CAMARADES,

Le mois dernier, les ouvriers de notre Fédération ont donné un grand exemple de la *solidarité* qui unit les ouvriers jaunes; un incendie venait de dévorer la filature Motte-Dewavrin et les nombreux syndiqués que nous comptons dans cette usine étaient sans ressources.

La souscription des syndicats unis dans nos Unions fédérales a permis de répartir aux ouvriers fédérés victimes de cet incendie des sommes de 15 à 30 francs, suivant qu'ils ont été plus ou moins longtemps sans travail.

Depuis lors, de cet esprit de solidarité qui a rendu tant de services, a jailli *une idée* qui nous est revenue de tous les côtés.

Des ouvriers de toutes conditions, qui envisagent l'avenir, nous ont demandé s'il ne serait pas possible, dans notre Fédération syndicale, d'organiser une caisse d'assurance pour garantir les syndiqués contre le malheur d'un chômage collectif, occasionné par des causes indépendantes de la volonté des travailleurs, soit *par incendie, inondation, casse de machine,* entraînant l'arrêt forcé d'un établissement.

Assurance contre le chômage collectif.

Camarades, la question est *capitale,* parce que l'ouvrier malade peut s'assurer des ressources par la société de *secours mutuels,* l'ouvrier habile travaillant depuis un certain temps dans une usine est pour ainsi dire garanti contre le chômage *individuel.* Mais rien, absolument rien, jusqu'ici, ne vient assurer l'ouvrier contre *le chômage collectif.*

Le problème n'est pas facile à résoudre, mais nous nous sommes persuadés qu'avec la force du nombre, nous pourrons arriver à la solution.

Il est temps d'y songer, car l'expérience a prouvé que nul n'est à l'abri d'un semblable malheur.

Dès les premiers jours, quand cette idée s'était propagée d'elle-même, certaines réflexions nous sont parvenues, des camarades nous demandaient si les ouvriers travaillant dans les maisons construites d'après un nouveau système, c'est-à-dire voûtées, ne devaient pas payer des primes inférieures, étant donné que les risques sont moindres, mais, l'incendie d'un bâtiment nouvellement construit d'après les systèmes les plus perfectionnés, nous a prouvé que les ouvriers travaillant dans ces bâtiments, ne sont pas plus à l'abri que les autres du chômage collectif.

Quant à moi, je pense qu'il ne doit y avoir aucune différence entre les ouvriers syndiqués entrant dans cette constitution de solidarité qui aura pour but de porter remède au chômage collectif.

Divers systèmes nous ont déjà été proposés, mais il ne nous appartient pas, quant à présent, de nous pro·noncer en faveur de l'un ou de l'autre, nous ne voulons même pas les analyser aujourd'hui.

La parole est *aux syndicats*, c'est à eux de nous soumettre leurs idées, et quand tous les groupes syndicaux nous auront fait connaître leur manière de voir sur cette question importante, ayant en main ces documents, nous préparerons un rapport pour soumettre à votre approbation, dans une assemblée générale, car le Conseil fédéral n'entend pas imposer ses idées, il veut, au contraire, être l'instrument toujours prêt à réaliser les vœux des ouvriers de notre Fédération syndicale pour le bien-être et l'amélioration de la condition des travailleurs. D'ailleurs, un de nos bons amis, *Cho Babégneu*, nous a donné dans le dernier numéro du *Petit Jaune*, une étude qui me semble assez rationnelle sur la question d'assurance contre les conséquences du chômage collectif.

Ce qui est possible.

Après avoir bien examiné les observations qui nous ont été faites, nous croyons que nous ne pouvons pas étendre cette assurance au cas de chômages *isolés*, soit pour cause de *manque de travail, de maladie* ou de *mortalité* de commerce. Ces cas peuvent être prévus par d'autres organisations, telles que sociétés de secours ou autres, mais ne *peuvent entrer en ligne* ici, où nous parlons uniquement de chômages collectifs dus à des causes *fortuites* qui jettent en même temps sur le pavé des centaines d'ouvriers.

La prime d'assurance.

Il faut que la prime de cette assurance ne puisse peser trop lourd dans le budget des ménages ouvriers ; nous ne voulons pas que cette garantie contre les effets du chômage collectif puisse devenir une charge pour nos frères de travail, c'est pourquoi nous croyons qu'il est prudent d'écarter tous les cas autres que les chômages provenant d'accidents ; ceux-là sont les plus terribles, parce que souvent ils frappent tous les ouvriers d'une même famille, car le père de famille place plus volontiers ses enfants dans son usine dès qu'ils sont en âge de travailler pour les former lui-même, quand il le peut, et les avoir autant que possible sous ses yeux.

C'est dans ces nombreuses familles que se fait surtout sentir le chômage causé par un accident, et c'est là que l'assurance rendra le plus grand service.

Le cas s'est présenté dans l'incendie qui a déterminé notre souscription. Une famille entière travaillait chez *Motte-Dewavrin*, et sur cinq personnes qui la composaient, trois étaient syndiquées.

Maintenant, camarades, *à l'étude;* cette question est importante, travaillons : *Aide-toi, le Ciel t'aidera...* nous attendons vos instructions, vos avis, et votre Conseil fédéral fera son devoir.

En terminant, permettez-moi d'être l'interprète des ouvriers syndiqués qui ont profité des distributions d'argent, en vous remerciant de l'empressement que vous avez apporté à souscrire.

Au nom de tous, permettez-moi de remercier et complimenter le *Président de la bobine 20*, qui, le premier, a soumis au conseil l'idée de cette souscription; merci, car nous avons empêché la misère d'entrer dans bien des foyers ouvriers, et répétons de tout cœur :

Vive la Fédération des ouvriers et ouvrières de Tourcoing et de ses cantons !

***

L'idée fut repoussée par la presque totalité des syndicats d'ouvrières; elle fit son chemin parmi les ouvriers et le 2 octobre 1904, la caisse fut fondée dans ces conditions :

ASSEMBLÉE GÉNÉRALE DES SYNDICATS D'HOMMES
Du dimanche 2 octobre 1904

Présidence de *M. François Lotte*, président de l'*Union fédérale de tissage.*
La séance est ouverte à 4 h. 45.

Discours du Président.

CHERS CAMARADES,

D'accord avec les commissions des syndiqués fédérés, le Conseil central vous réunit aujourd'hui afin de vous faire sanctionner par votre vote la réglementation et les statuts d'une caisse de chômage demandée dans notre réunion du 29 mai dernier.

Tout à l'heure, notre secrétaire vous exposera la suite des travaux des réunions successives, il vous donnera lecture des changements à introduire dans nos statuts de syndicat ainsi que du règlement de la Caisse de chômage, discuté et arrêté en réunion des commissions syndicales.

Nous vous demandons d'approuver ces projets afin de mettre au plus vite cette nouvelle réglementation en vigueur. Comme le règlement de la Caisse de chômage le prévoit, l'Assemblée générale nommera deux contrôleurs. Après le vote d'approbation la séance sera suspendue pendant dix minutes afin de vous permettre de vous concerter dans le but de faire surgir des candidatures. Voulant respecter la sincérité du vote, le conseil déclare vouloir s'abstenir de désigner aucun candidat; il ne prendra même pas part au vote.

Après la proclamation des élus on procédera au tirage des prix.

La parole est au secrétaire.

Rapport sur les travaux préparatoires et le règlement de la Caisse de chômage-accidents l' « Indépendance syndicale ».

MESSIEURS,

La Fédération syndicale, répondant aux vœux exprimés dans la réunion générale des syndicats fédérés en date du 29 mai 1904; à savoir : d'augmenter les cotisations en vue d'organiser une caisse destinée à indemniser certains cas de chômage, a adressé à tous les groupements le questionnaire suivant :

1° Que pensez-vous de l'organisation de la perception des cotisations à domicile?

2° Quels avantages voyez-vous à organiser ce système de perception?

3° Quels sont les inconvénients de la perception à domicile?

4° Que pensez-vous de la proposition d'augmenter le taux des cotisations ?

5° Quel devrait être le taux de la nouvelle cotisation?

6° A quel usage devraient être affectées les cotisations?

7° Que pensez-vous de la distribution du journal en recevant la cotisation?

Ce questionnaire, adressé à tous les membres des commissions des syndicats fédérés, était accompagné d'une demande de convoquer en juin une réunion extraordinaire de leurs syndicats, ayant pour but d'étudier la question et de donner aux membres de chaque commission, mission de la discuter dans une réunion générale des commissions que le Conseil fédéral comptait convoquer au commencement de juillet.

L'ensemble des réponses au questionnaire, sauf quelques exceptions, fut favorable au principe de la perception des cotisations à domicile; le chiffre généralement admis fut de doubler le taux actuel et d'organiser au moyen de ce supplément de cotisations une caisse de chômage. On approuvait l'idée de la distribution du journal à domicile.

Le Syndicat central réunit les commissions des syndicats fédérés, le 7 juillet, pour la discussion du questionnaire.

Le principe de percevoir à domicile une cotisation

pour alimenter la caisse de chômage fut immédiatement adopté.

Pour la cotisation syndicale, plusieurs propositions furent présentées; certains membres proposaient de continuer à percevoir dans chaque groupe une cotisation égale à celle qu'on reçoit aujourd'hui, l'autre moitié serait reçue à domicile. Après une discussion qui fit ressortir toutes les difficultés que présenterait cette combinaison, l'Assemblée adopta *le principe d'une seule recette faite à domicile par les soins du Syndicat central.* Un compte serait ouvert à chaque Syndicat fédéré à la comptabilité de la Fédération; la moitié des sommes perçues aux syndiqués de chaque groupement seraient portées après chaque tournée de recette au crédit dudit groupement syndical et ces sommes seraient tenues à la disposition de chaque Syndicat contre reçu signé du trésorier ou du président et d'un autre membre de la commission.

Sur ces bases, l'Assemblée adopte le principe de la recette à domicile d'une cotisation double de celle perçue actuellement, dans le but d'alimenter une caisse de chômage.

Sur la dernière question, à savoir : la distribution du journal par le collecteur, l'Assemblée se montra unanime à reconnaître que ce sera le seul moyen d'arriver à une distribution sûre.

La question des assemblées obligatoires est soulevée; l'Assemblée, à l'unanimité, trouve qu'elles sont absolument nécessaires. Il y a diversité de vues sur leur nombre, on propose deux, trois et quatre par an; l'Assemblée, après avoir entendu l'exposé des raisons *pour* et *contre*, vote le moyen terme de trois assemblées générales réunies sur convocation du bureau central.

L'Assemblée, consultée sur la manière d'administrer la caisse de chômage, décide que l'administration en sera confiée au Conseil fédéral.

Le Conseil fédéral, après avoir remercié de la marque de confiance donnée par la réunion des commissions, propose de s'adjoindre deux contrôleurs nommés par l'Assemblée générale, et déclare qu'aucun membre du conseil ne désignera de candidat, les élus quels qu'ils soient seront les bienvenus, car tous les actes du conseil, tant au point de vue syndical qu'au point de vue de la question de la caisse de chômage, ont pour guide le bien général, par conséquent le contrôle de qui que ce soit n'est pas à craindre.

L'Assemblée, ayant adopté cette disposition, charge le conseil d'élaborer un projet de changement aux statuts de Syndicat pour ce qui concerne la nouvelle organisation et un projet de règlement pour la Caisse de chômage, projet qui contiendra toutes les décisions prises et spécifiera les cas d'accidents entraînant le chômage collectif, en dehors de l'action volontaire des syndiqués.

L'Assemblée fixe au 11 août sa prochaine réunion, à laquelle le Conseil fédéral présentera ses projets de règlement.

Sur la proposition d'un membre du conseil, le secrétaire promet d'adresser à tous les membres des commissions des syndicats, au moins quatre jours avant la réunion, un exemplaire du projet de changements aux statuts ainsi que le projet de règlement, afin que chacun puisse en prendre connaissance et préparer les observations qu'il croira devoir présenter à la réunion.

*

Durant la période écoulée entre le 7 juillet et le 11 août, le conseil a étudié et élaboré les changements à apporter aux statuts ainsi que le règlement de la Caisse de chômage, qui prendra nom l'*Indépendance syndicale*.

Comment furent élaborés les statuts.

Tous les membres des commissions ayant reçu un exemplaire des projets de changements aux statuts syndicaux et de règlement de la Caisse de chômage, le 11 août a eu lieu la réunion des commissions syndicales.

L'Assemblée, sous la présidence du président de l'*Union fédérale de tissage*, décida d'apporter quelques changements aux projets présentés, puis le règlement fut voté en première lecture, article par article; les observations et modifications proposées furent notées de façon à permettre de présenter à l'approbation de l'Assemblée générale un projet complet et étudié.

Comme la Fédération ne veut rien faire par surprise, on proposa à l'Assemblée, avant de fixer la date de l'Assemblée générale, que chaque groupement fédéré se réunît extraordinairement pendant le courant de septembre, sur convocation spéciale. La question à l'ordre du jour sera : la communication du projet de changements aux statuts et du règlement de la Caisse de chômage tel qu'il a été voté. Les membres du conseil s'engagent, dans la mesure du possible, à se partager les réunions afin qu'un membre assiste, autant que possible, *à toutes les réunions,* pour prendre note des justes observations qui seraient soulevées et y faire droit dans le règlement à l'étude.

L'Assemblée générale fut ensuite fixée au dimanche 2 octobre.

Les réclamations.

Au cours des réunions auxquelles ont assisté les membres du conseil, des réclamations ont été formulées au sujet de la perception à domicile dans certains cas particuliers. Les principaux sont : l'éloignement de plusieurs membres et la difficulté de se transporter dans les communes avoisinantes pour toucher les cotisations.

Le conseil prit bonne note des *desiderata* et proposa un moyen terme dans le but de faciliter l'application intégrale du règlement.

Les groupements qui ont des syndiqués dans ces conditions seraient autorisés à percevoir à la réunion syndicale la cotisation totale, à la condition, toutefois, d'observer la réglementation suivante :

1° La réunion du Syndicat devra toujours avoir lieu huit jours avant la date fixée pour le passage du collecteur;

2° La commission et le trésorier en particulier seront chargés de percevoir les cotisations des membres qui voudront leur confier leur versement;

3° Le trésorier, ou à son défaut un membre de la commission, devra remettre les sommes qu'il aura reçues avec les livrets de ceux qui ont payé, au bureau central pour le jeudi au plus tard, afin qu'il soit possible d'aviser le collecteur qu'il n'aura pas à passer au domicile des membres ayant payé;

4° Les livrets présentés avec les payements seront timbrés par le bureau central et remis au payeur, lequel sera chargé de les remettre aux intéressés ou de les déposer à leur disposition au siège du Syndicat;

5° La carte de présence de chaque syndiqué devra être présentée avec son livret; l'amende sera perçue s'il y a lieu.

Maintenant nous allons soumettre à votre approbation :

1° Le projet de changements aux statuts;

2° Le projet de règlement de la Caisse de chômage l'*Indépendance syndicale.*

On vote de doubler la cotisation.

L'article 12 actuel dit : « La cotisation annuelle est de 1 fr. 50 et sera payable d'avance un sixième à la fois, soit 25 centimes tous les deux mois. Il sera facultatif à chaque syndiqué de payer six mois ou un an d'avance. »

Nous vous proposons de supprimer ce **texte** pour le remplacer par celui-ci :

ART. 12. — La cotisation annuelle est fixée à trois francs, payables par sixième au domicile du syndiqué.

Les recettes se feront par les soins du bureau central de la Fédération.

Moitié des recettes seront affectées à la Caisse de chômage-accidents l'*Indépendance syndicale,* qui est régie par un règlement spécial.

Sur l'autre moitié il sera prélevé :

1° Un centime pour la caisse des frais généraux, pour couvrir les frais de convocation et autres;

2° Quatre centimes pour couvrir les frais de recette à domicile;

3° Vingt centimes seront portés au crédit du Syndicat à la Caisse fédérale et tenus à sa disposition contre reçu signé du trésorier ou du président et d'un autre membre de la commission.

Il est procédé au vote sur la proposition de changements.

Cette proposition est adoptée à l'unanimité moins deux voix.

A l'unanimité.

Sur une demande d'explication faite par un assistant, M. le Président de la filature fait de nouveau l'exposé des motifs pour lesquels il trouve ces changements nécessaires et demande au secrétaire de recommencer la lecture de l'ancien texte proposé pour le remplacer, ce qui a été fait.

Après avoir demandé à l'Assemblée si tout le monde a bien compris, et sur la demande d'un membre de l'assistance, le changement proposé pour l'article 12 est remis aux voix; il est adopté *à l'unanimité.*

« Nous vous proposons également de supprimer de l'article 14 le passage relatif au lieu où les fonds doivent être déposés, pour le remplacer par ce texte : A la caisse de la Fédération au crédit du Syndicat. »

Ce changement à l'article 14 est adopté à l'unanimité.

« Nous soumettons également à votre approbation le projet de règlement pour la Caisse de chômage l'*Indépendance syndicale.*

. . . .

Nous reproduisons ici uniquement les chapitres des statuts de la Caisse de chômage les plus intéressants pour nos lecteurs.

Chapitre V. — Des cotisations.

Art. 6. — La cotisation est de 1 fr. 50 par an, elle sera prélevée sur la cotisation syndicale à raison de 25 centimes pour chaque versement dont il est parlé ci-après.

ART. 7. — Les recettes se feront tous les deux mois et le syndiqué sera tenu d'effectuer son versement lors du passage du collecteur.

En cas d'absence, le collecteur laissera un avis daté; le syndiqué sera alors tenu de payer lui-même au bureau central dans un délai de quinze jours à dater de l'avis.

Faute de se conformer à cette dernière disposition, le collecteur repassera pour recevoir; en ce cas la cotisation sera augmentée de 15 centimes pour frais de perception.

ART. 8. — Le payement de la cotisation sera constaté sur le livret du syndiqué au moyen d'un cachet spécial apposé par le collecteur, et, au bureau central, sur le registre d'état nominatif d'après celui du collecteur.

ART. 9. — Le contrôle des livrets se fera au moins une fois par an.

Les collecteurs ramasseront les livrets dans les rues qui leur seront désignées.

Les renseignements de payement portés au registre matricule seront vérifiés avec les livrets.

Les livrets seront signés par l'un des contrôleurs et remis au syndiqué par le collecteur en faisant la recette suivante.

ART. 10. — Sur chaque versement de 25 centimes, 20 centimes seront versés à la caisse, un centime sera affecté aux frais généraux pour couvrir les frais de convocation et autres, 4 centimes seront payés au collecteur pour ses frais de recette.

Chapitre VI. — Des indemnités.

ART. 11. — L'indemnité de chômage prévue à l'article premier sera de 2 francs par jour ouvrable, à

dater du lendemain du jour de l'accident, à la condition toutefois que cet accident entraîne un chômage de
trois jours au moins, y compris le jour de l'accident.

ART. 12. — L'indemnité de deux francs par jour ne
sera payée que pendant six semaines au plus; si le
chômage dépassait six semaines, elle serait réduite à
un franc par jour à partir de la septième semaine et
payée pendant quatre semaines.

Après la dixième semaine, le syndiqué non placé
n'aura plus droit à aucune indemnité.

ART. 13. — Dans les cas d'accident entraînant un
chômage de six semaines au plus, le syndiqué en chômage devra s'appliquer à chercher du travail. Il sera
tenu, sous peine de perdre ses droits aux indemnités,
de se présenter à toutes les places qui lui seront désignées par le bureau central.

Une fois embauché, il n'aura plus droit à aucune
indemnité, même s'il ne conserve pas la place pour
laquelle il a été embauché.

Exception sera faite pour le cas où il aurait été
embauché conditionnellement pour remplacer momentanément un ouvrier malade; en ce cas, pour conserver
ses droits de participation, le jour où l'ouvrier qu'il
remplace reprendrait son emploi, le syndiqué serait
tenu d'adresser au bureau central, dans les quarante-
huit heures qui suivront son embauchage, un billet
signé de son patron ou d'un de ses préposés, constatant que l'engagement est conditionnel pour remplacer
un ouvrier malade ou absent.

ART. 14. — Les indemnités ne seront dues aux syndiqués victimes d'accident qu'après un an minimum
de versement et seulement à ceux dont la cotisation
serait à jour.

10

Seront considérés comme à jour de leur cotisation, ceux qui, n'ayant pas payé la dernière, se trouveront encore dans le délai de quinzaine dont il est parlé à l'article 6.

ART. 15. — Les accidents ne donneront droit aux indemnités que s'ils sont déclarés au bureau central le jour même où ils se seraient produits; le secrétaire remettra à l'ouvrier déclarant un récépissé de déclaration.

Faute de se conformer à cette disposition, l'indemnité ne partira que du lendemain du jour de la déclaration; il suffit qu'elle ait été faite par un des ouvriers ayant droit aux indemnités pour que tous les syndiqués en chômage pour le même accident aient droit aux indemnités.

ART. 16. — Pour toucher les indemnités prévues, les ayants droit devront faire constater tous les jours qu'ils sont en chômage, au bureau central, soit de dix à onze heures du matin ou de trois à quatre heures de l'après-midi.

ART. 17. — Les indemnités de chômage seront payées le samedi de deux heures et demie à quatre heures aux ouvriers en chômage et de six heures à sept heures et demie aux ouvriers travaillant, ayant droit à des indemnités pour des journées de chômage au cours de la semaine.

Dans le cas où le samedi serait jour férié, les indemnités seraient payées le vendredi, aux mêmes heures.

ART. 18. — La Fédération ne sera responsable des indemnités de chômage que jusqu'à concurrence des sommes en caisse constatées par les commissaires contrôleurs et les chiffres approuvés par la dernière assemblée générale.

*
**

Le projet de règlement de la Caisse de chômage l'*Indépendance syndicale* est mis aux voix et adopté à l'unanimité.

M. LE PRÉSIDENT. — Vu le résultat du vote, je déclare la Société l'*Indépendance syndicale* constituée.

Les contrôleurs.

LE SECRÉTAIRE. — Comme le prévoient les articles 4 et 5 des statuts que vous venez d'approuver, l'administration de la Société est confiée au Conseil fédéral assisté de deux contrôleurs. Nous allons suspendre la séance pendant dix minutes afin de vous permettre de vous concerter pour faire surgir des candidatures. Le conseil a décidé de ne présenter aucun candidat, nous sommes *ennemis* des candidatures officielles. Les élus que vous nommerez, quels qu'ils soient, seront les bienvenus, car nous avons la conviction qu'ils représenteront la volonté de l'ensemble des syndiqués. *(Vifs applaudissements.)*

Les membres du Conseil fédéral voulant laisser le choix des contrôleurs aux membres des syndicats, déclarent refuser de prendre part au vote afin que les élus représentent exclusivement la volonté des syndiqués. *(Salve d'applaudissements.)*

A la reprise de la séance, nous avertissons les candidats choisis par les groupes et tout syndiqué qui voudrait poser sa candidature, de se présenter au bureau, afin de les présenter à l'Assemblée, pour procéder au vote.

M. le Président. — La séance est suspendue pendant dix minutes.

Un vote original.

Reprise de la séance.

M. le Président. — Nous prions les candidats aux fonctions de contrôleurs de vouloir bien se présenter au bureau.

Huit candidats se présentent.

Le Secrétaire. — Afin de faciliter le vote nous allons procéder, parmi les candidats, au tirage au sort d'un numéro d'ordre. Ces messieurs voudront bien se placer, suivant l'ordre des numéros qu'ils auront tirés, devant l'estrade. Vous voudrez bien voter en marquant sur votre bulletin le numéro correspondant à la place que chaque candidat occupera en commençant à votre gauche.

On distribue crayons et bulletins pendant que les candidats tirent au sort. Ils se placent dans l'ordre indiqué par le numéro qu'ils ont tiré.

Le scrutin est déclaré ouvert.

On passe dans les rangs pour recueillir les votes. Tous les bulletins sont déposés sur le bureau.

Le Secrétaire. — Tous les bulletins, représentant votre vote, sont là sur le bureau, mais avant de commencer le dépouillement, nous voulons vous consulter sur les conditions d'éligibilité.

Voulez-vous que les contrôleurs soient élus à la majorité absolue et faire plusieurs tours de scrutin, car sur huit candidats ce serait extraordinaire que deux obtiennent au premier tour la moitié des suffrages exprimés.

Une voix dans l'assemblée. — Au premier tour.

LE SECRÉTAIRE. — Ou voulez-vous que les deux contrôleurs qui auront réuni le plus de voix soient nommés?

Je mets aux voix la première motion pour la majorité absolue.

Cette motion est repoussée.

Je mets aux voix la seconde pour la nomination au premier tour des deux candidats qui auront obtenu le plus de voix.

Adopté à l'unanimité.

LE SECRÉTAIRE. — Comme nous l'avons dit, le conseil voulant rester en dehors de cette élection, nous prions les syndiqués qui le désirent, de venir faire le dépouillement.

Le scrutin donne les résultats suivants :

N° 1, 56 voix; n° 2, 57 voix; n° 3, 27 voix; n° 4, 12 voix; n° 5, 157 voix; n° 6, 93 voix; n° 7, 19 voix; n° 8, 14 voix.

Un bulletin blanc et environ trente qui ne portaient qu'un seul numéro.

Les candidats représentés par les numéros 5 et 6 sont élus. *(Applaudissements prolongés.)*

LE PRÉSIDENT. — MM. *Émile Catteau* et *Jules Schokart* sont élus contrôleurs.

M. J. SCHOKART. — Chers camarades, je vous remercie au nom de mon camarade E. Catteau et au mien, de la confiance que vous avez bien voulu nous témoigner en nous nommant contrôleurs de la Caisse de chômage. Vous pouvez compter sur nous, nous acceptons volontiers la charge que vous nous avez confiée, tous nos efforts tendront à développer le plus possible la société et les syndicats afin d'assurer *la liberté et l'indépendance ouvrière* tout en défendant les vrais intérêts des travailleurs. *(Salve d'applaudissements.)*

Une voix dans la salle : *Un vivat* aux nouveaux contrôleurs!

Séance tenante un vivat est entonné et chanté avec un enthousiasme qui emporte toute la salle.

M. E. CATTEAU. — Nous vous remercions, chers camarades, de vos souhaits, ils témoignent de la confiance que vous avez en vos élus, vous pouvez compter sur nous comme nous comptons sur vous. Vous nous avez confié une charge que nous accomplirons d'autant plus volontiers qu'elle est un témoignage de confiance de votre part.

Cette charge sera d'autant plus facile à remplir que nous serons secondés par les membres du *Conseil fédéral*, dont le dévouement à la cause des ouvriers est connu de tous et auxquels je me trouve impuissant à faire l'éloge qu'ils méritent. *(Tonnerre d'applaudissements.)*

***

L'œuvre était fondée, elle n'a pas cessé de se développer.

A l'Assemblée générale obligatoire du 2 mars 1905, le secrétaire général constate que 621 ouvriers ont payé la première cotisation, 733 ont payé la deuxième cotisation. A ce nombre, il faut ajouter 31 soldats dont 11 ont payé une cotisation avant de partir et 20 sous les drapeaux au moment de la fondation de la caisse; nous avons actuellement un effectif net de 764 adhérents. *(Applaudissements.)*

Sur la demande présentée par vingt-trois membres des commissions de syndicats fédérés, l'assemblée adopta les modifications suivantes aux statuts :

CHAPITRE DES ADMISSIONS ET CHAPITRE DU PLACEMENT

CHAPITRE DE L'ADMISSION

ARTICLE PREMIER. — *Nul ne pourra être admis dans la Fédération s'il ne justifie l'occupation d'un emploi à titre permanent.*

ART. 2. — *Ne pourront être admis ceux qui occupent un emploi provisoirement ou ceux qui se trouvent dans un délai de prévenance. (Applaudissements.)*

Ces deux articles sont mis aux voix et adoptés à l'unanimité.

CHAPITRE DU PLACEMENT

LE SECRÉTAIRE. — ART. 3. — *Il est interdit au bureau de placement de la Fédération de recommander un ouvrier quel qu'il soit s'il ne justifie d'un stage de trois mois d'inscription et du paiement de deux cotisations au moins.*

***

A l'Assemblée obligatoire du 2 juillet 1905 on constate de nouveaux progrès.

Rapport du Secrétaire de la Fédération sur la Caisse de chômage l' « Indépendante ».

Depuis votre Assemblée générale du 12 mars dernier, le développement de la *Caisse de chômage* a été poursuivi d'une manière pratique et les résolutions prises dans cette assemblée, mises à exécution, ont porté leurs fruits.

L'application stricte du règlement nous a amené la démission de quelques hésitants, qui voudraient bien faire partie de notre organisation, mais n'osent pas se faire voir aux réunions. — Que faut-il penser de ceux-là? — Nous croyons qu'il est préférable de ne pas les avoir chez nous car ils feraient nombre dans un effectif sur lequel on ne pourrait plus compter. *(Applaudissements.)*

L'application stricte des nouvelles dispositions votées par vous fait qu'aucun nouveau syndiqué ne pourra désormais être présenté *pour une place* par la Fédération, avant d'avoir trois mois de présence et versé deux cotisations. Cette mesure a porté ses fruits. Nous avons remarqué qu'un certain nombre de ceux qui demandaient leur inscription ont reculé devant la condition des trois mois de présence, avant qu'on s'occupe pour eux d'une place. Malgré tout, le nombre des nouveaux inscrits qui ont accepté le nouveau règlement est, depuis la dernière Assemblée, de 67; en défalquant 46 démissionnaires, reste une augmentation de 21, ce qui porte notre effectif à 785 membres. *(Applaudissements.)*

A la dernière tournée de cotisations, nous avons encaissé 744 cotisations; dix membres étaient exemptés momentanément pour cause de chômage ou de maladie; ces cotisations devront naturellement être perçues à la prochaine tournée, et enfin 31 militaires étaient exempts de cotisation pendant la durée de leur service, ce qui donne bien 785 membres.

Les motifs des démissions.

Examinons maintenant les motifs des démissions. Sans parler de deux décès et de cinq syndiqués qui ont quitté la région, nous trouvons *quatorze* qui se sont retirés parce qu'on exigeait *l'amende* ou une excuse valable pour justifier leur absence à l'Assemblée générale *obligatoire* du 12 mars dernier; trois ont quitté l'industrie textile, et enfin dix-sept ont démissionné sans nous faire connaître de motifs.

**

A la réunion du 5 novembre 1905 le rapport du secrétaire disait :

Au cours de l'année qui vient de s'écouler nous avons constaté trois cas de chômage pour lesquels la Caisse aurait eu à intervenir, si le stage prévu avait été accompli. Ce sont les accidents : 1° de chez MM. Tiberghien frères; 2° de chez MM. Ch. Tiberghien et fils à Linselles; 3° l'inondation de chez MM. Sion et Vienne.

Pour faciliter le contrôle en cas d'accident, et aussi pour donner le moyen à chaque associé de conserver le règlement, nous avons pensé qu'il était nécessaire que le livret contienne :

1° La loi de 1884;

2° Les statuts de l'Union fédérale;

3° Les statuts de syndicat;

4° Le règlement de la Caisse de chômage;

5° Des feuilles pour le contrôle des cotisations;

6° Une feuille spéciale pour la constatation des présences aux assemblées, pour remplacer les cartes de présence.

Nous en avons causé en Assemblée générale des membres du Conseil fédéral avec les contrôleurs.

La Fédération ne peut, pour le moment, supporter cette charge beaucoup trop lourde.

Conformément au principe adopté, nous ne voulons rien distraire des sommes versées en caisse en vue de payer des indemnités de chômage le cas échéant.

. Nous avons pensé à vous faire la proposition suivante :

Voulez-vous accepter votre nouveau livret à raison de 0 fr. 10, lorsqu'il vous sera remis au moment où l'on percevra la cotisation de décembre, si possible, ou de février?

Nous vous demandons un vote sur cette question.

Quant à nous, nous croyons que ce nouveau livret est absolument nécessaire pour faciliter la marche de la Société et le contrôle, tant du payement des cotisations en cas d'accident que pour assurer le contrôle des présences aux assemblées générales obligatoires.

Mise aux voix :

Résultat : Adopté à l'unanimité.

*
* *

La confiance entre nous et nos camarades est complète, c'est ce qui fait notre force. Voici comment eut lieu le remplacement statutaire d'un de nos deux contrôleurs.

Discours de M. Catteau.

Chers camarades,

J'arrive aujourd'hui au terme de mon mandat. J'avais accepté il y a un an la charge de contrôleur malgré mes charges déjà trop lourdes. Je n'ai eu qu'à me féliciter de l'année que j'ai passée en collaboration avec votre Conseil fédéral; j'ai pu apprécier une fois de plus le dévouement à la cause ouvrière de ces hommes qui sont à votre tête, je les ai vus à l'œuvre, ce qui n'a fait qu'augmenter la très grande confiance que j'avais en eux.

La Caisse de chômage est sûre de prospérer avec une telle direction, et notre confiance à tous a été on ne peut mieux placée quand nous les avons chargés de nos intérêts en leur confiant la direction de la Caisse de chômage. (Applaudissements.)

Maintenant que mes occupations personnelles augmentent, je me vois, bien à regret, obligé de décliner tout nouveau mandat. Car j'ai à cœur de remplir consciencieusement les charges que j'ai acceptées. C'est pourquoi je ne me représenterai pas à vos suffrages. Mais j'ai cru qu'il était de mon devoir de chercher un successeur qui ait toutes les aptitudes et le dévouement nécessaires pour bien remplir la charge qui lui sera confiée. C'est pourquoi j'ai cru que le camarade Denis Deschamps était l'homme tout désigné pour remplir cette charge et, à ce titre, je vous le propose pour me succéder.

Maintenant que je crois avoir accompli le mandat que vous m'avez confié, je vous remercie de la confiance que vous m'avez accordée; je remercie le Conseil fédéral pour les rapports cordiaux que j'ai eus avec ses membres à l'occasion de mon mandat. Je garderai longtemps encore le bon souvenir de cette année que j'ai passée en collaboration avec eux dans l'étude des questions ouvrières et surtout des moyens de procurer à la classe ouvrière l'amélioration de son sort et de la mettre à l'abri de la misère. (Vifs applaudissements.)

LE PRÉSIDENT. — Je remercie, au nom du conseil, le camarade Catteau des bonnes paroles qu'il vous a

adressées à notre sujet; toujours nous nous sommes
efforcés de défendre les intérêts des syndiqués, parce
que les intérêts des ouvriers sont les nôtres, étant
nous-mêmes des travailleurs. En défendant vos intérêts, nous défendons les nôtres, parce que nous avons
des intérêts communs.

Nous vous remercions de la confiance que vous nous
avez toujours témoignée et vous promettons de nous
en montrer toujours de plus en plus dignes. *(Applaudissements.)*

Maintenant, chers camarades, M. Catteau vous a
demandé de nommer M. Denis Deschamps comme successeur.

Certainement nous serons heureux de le voir
investi du mandat de contrôleur; cependant, comme
nous ne voulons faire aucune pression, et que tous,
qui que vous soyez, serez les bien venus, si vous nous
arrivez, investis du mandat accordé par les suffrages
de l'Assemblée, nous demandons à tous ceux qui
désirent poser leur candidature de vouloir bien se
désigner, afin qu'on puisse procéder au vote. *(Applaudissements.)*

La tête du contrôleur, s. v. p.

UNE VOIX DANS L'ASSEMBLÉE. — Qu'est-ce que Denis
Deschamps?

LE PRÉSIDENT. — On fait dans la salle une observation très juste. On désire connaître les candidats
pour voter. Je prie donc M. Denis Deschamps de vouloir bien monter à la tribune pour faire voir sa tête.
Je prie ceux qui désirent poser leur candidature de
vouloir bien y venir également.

M. Denis Deschamps monte à la tribune aux applaudissements de l'Assemblée. Aucun concurrent ne se présente.

M. le Président met aux voix la candidature de M. Denis Deschamps, qui est nommé à l'unanimité.

M. le Président invite M. Deschamps à prendre place au bureau.

L'Assemblée applaudit.

***

A toutes les assemblées générales nous constatons une marche en avant, et le 8 juillet dernier, il nous restait en caisse 1,381 fr. 80.

CHAPITRE VI

LES IMPOTS ET LE SALAIRE

Quatre heures de travail sur dix!! — Un déluge de fonctionnaires. — C'est toujours l'ouvrier qui paie.

En tête de notre programme figure la réduction des
impôts sur tous les objets de consommation nécessaires
à la vie de l'ouvrier; voici nos raisons :

Le Petit Jaune, mai 1905.

LE SALAIRE ET LES IMPOTS

Qu'est-ce que le salaire?
Le salaire est la représentation en argent du travail
effectué par l'ouvrier.
Qu'est-ce que l'impôt pour l'ouvrier?
L'impôt est la partie du travail que l'ouvrier doit à
l'État, au département et à la commune.
*Quel est l'effet de l'impôt français sur le salaire de l'ou-
vrier?*
L'effet de l'impôt français est de forcer l'ouvrier à
travailler chaque jour *quatre heures* pour l'État, le
département et la commune, et *six heures pour lui et sa
famille.*

Qu'est-ce que l'économie ?

L'économie est la part de travail que l'ouvrier met en réserve pour les passages difficiles de la vie.

Pourquoi la question des retraites ouvrières s'impose-t-elle aux ouvriers français ?

Parce que l'État, le département et la commune, en prenant *quatre heures* de travail *sur dix* aux ouvriers français, empêchent la grande majorité de faire des économies.

Quel est le moyen de permettre à l'ouvrier de faire des économies ?

C'est de diminuer les impôts en diminuant le nombre des fonctionnaires payés par l'ouvrier.

LES IMPOTS DES TRAVAILLEURS

Une question capitale, et qui cependant est presque toujours laissée au second plan dans les revendications des travailleurs, c'est celle de *l'impôt* et son rôle dans le prix de la vie.

Pour obtenir en échange de son travail un salaire suffisant à son entretien et à celui de sa famille, il semble que l'ouvrier n'a *qu'une seule ressource :* réclamer au patron. D'autre part, il semble que pour faire face à la concurrence étrangère, le patron n'a *qu'un seul moyen :* faire produire le plus possible en employant le moins de personnel possible. Voilà la source de l'antagonisme actuel, cause de la situation toujours tendue, exploitée par les agitateurs et les politiciens.

L'impôt et le fonctionnarisme
causes principales de la misère du peuple.

Il y a pourtant un autre point qui d'ordinaire est laissé dans l'ombre de part et d'autre, un point capital

qui, pourtant, intéresse les patrons comme les ouvriers
et vers lequel devraient converger les revendications
de tous les partis. C'est *l'impôt* qui augmente le prix de
la vie du travailleur, et charge l'industrie qui donne
le travail. Cet impôt qui, aujourd'hui, pèse sur le
Français plus lourdement que sur tous les autres habitants du monde, est la cause principale de la misère
du peuple.

Sous un régime soi-disant de liberté, d'égalité et
de fraternité, nous possédons un arsenal de lois qui
réglementent tous les mouvements de chacun sous le
contrôle d'une armée de fonctionnaires.

Cette légion de fonctionnaires qui ne produit rien
pour la richesse du pays et la fortune publique est
entretenue, logée et nourrie aux *dépens des ouvriers* qui,
d'une part, sont les producteurs, et d'autre part, les
consommateurs.

Sous tous les régimes et quelle que soit la manière
de l'appliquer, l'impôt retombera toujours sur le
peuple. Nous allons démontrer qu'aujourd'hui l'impôt est la cause principale de la misère du peuple.

L'impôt cause du chômage.

L'impôt est compté dans le prix de la fabrication, il
n'est pas un industriel qui ne compte ses impôts dans
ses frais généraux, *avant de calculer son prix de revient.*
S'il se trouve acculé à refuser des commissions aux
prix faits par les étrangers ou dans la nécessité d'envoyer des commissions à l'étranger pour abaisser son
prix de revient, c'est à cause de *l'impôt.* Si les charges
d'impôts n'étaient pas si lourdes, les industriels pourraient prendre des commissions et donner du travail
à leurs ouvriers, tandis qu'à cause des impôts exor-

bitants qui grèvent l'industrie, les patrons ont fait construire à l'étranger des établissements pour fabriquer les commandes destinées à l'exportation.

Voilà une des causes qui enlèvent le travail et le pain aux ouvriers du pays.

Il semble raisonnable de croire que ce n'est pas pour le plaisir de priver les ouvriers de travail que les industriels exposent leurs capitaux pour construire et aménager des établissements à l'étranger, pendant qu'ils ont ici du matériel qui chôme faute d'alimentation; donc, à cause des impôts trop lourds, c'est le *chômage*. Si l'ouvrier qui travaille peut à peine vivre tellement *la vie est chère*, combien y en a-t-il qui ne le peuvent pas faute d'ouvrage?

Combien l'ouvrier pourrait-il vivre plus facilement si les impôts dont sont chargés tous les objets de consommation n'existaient pas! Combien seraient affranchis de l'assistance si l'impôt n'augmentait pas d'une façon considérable tout ce qui est *nécessaire à la vie!*

Les impôts sur les objets de consommation ouvrière.

Pour permettre à l'agriculteur de payer ses impôts, tous les produits concurrents provenant de l'étranger sont imposés comme suit :

Impôt sur le blé. — Sept francs les cent kilog.; c'est *deux sous* par pain que l'ouvrier paie en plus, soit 22 pour 100 du prix de vente.

Impôt sur la viande. — La viande est imposée d'un droit de douane de *vingt-cinq francs* les 100 kilog., plus *huit francs cinquante* pour droits d'octroi, ce qui fait *trente trois francs* les 100 kilog., ou *trois sous et demi* la livre, *sept sous* d'impôt au kilogramme !!!

Le *beurre frais* est imposé de *quatre sous* au kilog.

La *margarine* de 0 fr. 25 au kilog., plus 0 fr. 07 pour l'octroi, donc plus de *six sous d'impôt* au kilogramme (12 centimes de plus que le beurre).

Les *graisses* paient 0 fr. 25 le kilog., plus 0 fr. 07 pour l'octroi, soit plus de *six sous* au kilogramme.

Les *œufs* paient *six francs* les 100 kilog., au poids brut, c'est-à-dire que l'on paie l'impôt sur le panier qui les contient.

Les *légumes frais ou secs* paient 0 fr. 06 par kilog. Les *fruits* paient 0 fr. 02 par kilogramme; rien n'est exempt d'impôt.

Les *raisins secs* paient *quinze francs* les 100 kilog., plus *dix francs* d'octroi, soit *cinq sous* du kilog. !! Il n'y a pas jusqu'au fromage qui paie 0 fr. 15 par kilog., plus 0 fr. 05 de droit d'octroi, soit *quatre sous* du kilogramme!!

Tout cela pour permettre à l'agriculture française de *vendre ses produits d'autant plus cher* afin qu'elle puisse payer les impôts qui l'écrasent; donc c'est le *consommateur* qui paie les impôts de l'agriculture, c'est *toujours* l'ouvrier qui paie.

Il n'y a pas que les produits concurrents des produits de notre agriculture qui paient. L'État a le monopole des allumettes et du tabac qu'il vend *dix fois* leur valeur... Les sucres sont soumis à un impôt de régie qui fait que le sucre fabriqué en France est vendu à l'étranger 35 pour 100 meilleur marché qu'ici. Les sucres vendus en France pour l'exportation sont livrés en gros à 0 fr. 40 par kilog., quand ceux pour la consommation française sont vendus 0 fr. 70, c'est donc un impôt de régie de 30 centimes par kilogramme.

Les *cafés verts* paient *un franc trente-six centimes* par kilogramme et les *cacaos en fève, un franc quatre centimes.* Ce ne sont pourtant pas des produits qui concurrencent ceux de l'agriculture française, car elle n'en fournit aucun, cela n'empêche pas que chaque fois que l'ouvrier a consommé *une livre de café* de trente-cinq sous, il a payé *un franc* d'impôt, et que sur une livre de chocolat de seize sous il a payé *onze sous* d'impôt.

Le *vinaigre*, marchandise qui se vend de 0 fr. 25 à 0 fr. 30 le litre, est imposé de 0 fr. 06 du litre, plus 0 fr. 03 pour droit d'octroi, soit plus de deux sous par litre.

L'*huile à salade* est imposée de 0 fr. 12 par litre.

Le *riz* paie 0 fr. 08 c. par kilogramme.

Les conserves de viande et de poisson, les boîtes de sardines par exemple, paient en droit d'octroi *huit sous* du kilogramme sur le droit brut, cela fait *huit centimes* sur une boîte de six sous.

Les fines conserves de viande et de poisson pour la consommation des riches paient le même prix, si bien que quand l'ouvrier a consommé une boîte de sardines communes de *six sous* il a payé *huit centimes*, soit 24 pour 100 du prix d'achat; et quand le riche a consommé une boîte de *quinze sous* du même poids, il a payé également *huit centimes,* soit 11 pour 100.

Trouvez donc une chose qui ne soit pas imposée. Le *poivre* est imposé de 2 fr. 08 par kilogramme et le *sel* de 3 centimes par kilogramme. On paie même l'impôt sur le feu nécessaire pour faire la soupe.

Sur le charbon!! — Les charbons paient un droit de douane de 1 fr. 20 les 1,000 kilogrammes pour permettre aux mines françaises de vendre leurs produits d'autant plus cher. Cet impôt est augmenté de 1 fr. 20 aux 1,000 kilogrammes pour les droits d'octroi, soit *deux sous* au sac de 40 kilogrammes.

Le *pétrole* est imposé de 12 fr. 50 les 100 kilogrammes, soit plus de *deux sous par litre !!!*

Les *bougies* paient *quatre sous* d'octroi, plus *trois sous* de régie pour le timbre du paquet, soit *sept sous* du kilogramme !!! Tout, absolument tout est imposé.

Par le système de perception lui même l'impôt retombe plus lourdement sur l'ouvrier que sur les autres membres de la société. En effet, les tarifs sont établis sur des dénominations, ce qui fait que l'impôt est pareil pour tous les objets du même nom quelle que soit la qualité et par conséquent la valeur.

L'ouvrier consommant généralement les qualités les plus communes, parce qu'elles sont moins coûteuses, est par ce fait plus atteint.

Le revient de l'impôt à la livre de café est de 1 fr. pour les qualités à 1 fr. 75 comme pour les qualités à 2 fr. 50 et plus.

Les 0 fr. 08 sur le riz par exemple, se paient sur le riz à six sous comme sur le riz à quinze sous.

L'impôt des intermédiaires.

Le prix de l'impôt augmente d'autant le prix *réel* de la marchandise. Le prix de vente avec le tant pour cent de bénéfice est compté non seulement sur la valeur de la marchandise, mais sur cette valeur augmentée de l'impôt, de sorte que *c'est toujours l'ouvrier qui paye,* non seulement l'impôt sur sa consommation, mais aussi l'impôt des commerçants interposés. S'il était possible de calculer exactement, outre les augmentations dues à l'impôt sur les marchandises, les augmentations nécessitées par *les impositions, patentes, contributions* et autres, payées par les commerçants pour leur maison, magasin ou pour l'habitation même

de l'ouvrier, on pourrait constater que *quarante à cinquante pour cent* du salaire payé à l'ouvrier sert à solder
ces impôts.

Et on prétend que l'ouvrier n'est pas imposé!!!

Et les fonctionnaires!!

Une observation serait faite, j'en suis certain, par les
politiciens partisans du régime. *Mais alors comment
vivront les fonctionnaires?*

A cela, je répondrai : « Ils feront comme nous, *ils
travailleront,* car avec un régime bien réformé, il n'y
aura jamais trop de bras parce que si nous travaillons
un peu avec un régime aussi défectueux que le nôtre,
il y aura de l'ouvrage à *pleins bras* pour tout le
monde lorsque la suppression des impôts sur les
objets de consommation ouvrière aura fait baisser
le prix de la vie et nous mettra dans une situation
aussi avantageuse que les nations nos concurrentes. »

CHAPITRE VII

LA VIE A BON MARCHÉ

La *Moissonneuse*. — Carnets à souches. — Notre société de consommation.

Les impôts écrasent l'ouvrier, la réduction des heures de travail sans entente internationale, les grèves politiques font baisser *notre salaire annuel*, c'était un devoir pour nous de procurer à nos camarades *la vie à bon marché*.

Le Petit Jaune, août 1902.

Je voudrais avoir une voix forte comme la trompette du car électrique pour crier à tous mes camarades : *Une des institutions les plus importantes de notre Fédération c'est la Société du payement comptant, tous les syndiqués doivent faire de la propagande et expliquer aux camarades dans toutes les réunions l'argent qu'elle fait gagner aux ouvriers.*

On ne peut pas se faire une idée de la facilité avec laquelle on a organisé certaines sociétés économiques.

Connaissez-vous l'histoire de *la Moissonneuse*?

C'était en 1874, trois ouvriers parisiens prenaient un verre sur le coup de quatre heures chez un marchand de vin.

— Vrai, dit l'un, c'est pas permis de payer si cher du vin aussi mauvais !

— Tu as raison, répond le second, il n'a du vin que la couleur.

— Eh bien! dit un troisième, si on s'entendait ensemble pour en acheter une demi-pièce ? Nous l'aurions meilleur et à meilleur marché ; le prix de chaque litre de vin sera mis dans *un tronc;* avec le bénéfice et la confiance des camarades on pourrait en acheter ensuite une pièce entière.

Le 9 août de la même année, dix-neuf personnes se réunissaient dans le sous-sol d'un marchand de vin et rédigeaient les statuts de *la Moissonneuse.*

Le 1er septembre, le premier magasin fut ouvert rue Basfroy, 47 ; c'était un sous-sol d'une superficie de 6 mètres 55, d'un prix de location de 100 francs par an.

Trois mois après, les habitants du quartier usaient de leur influence auprès du propriétaire et *l'obligeaient à congédier* la société naissante.

Elle en profita pour s'installer plus grandement dans le passage Vaucanson.

Les trois premières années, la répartition des marchandises était faite gratuitement et à tour de rôle par les sociétaires. Aujourd'hui, la Société occupe 150 employés.

La recette de la journée d'ouverture s'était élevée à la somme de 35 francs, aujourd'hui la recette moyenne de chaque jour est de 13,650 francs.

***

Notre Société du payement comptant a été établie uniquement pour rendre service aux ouvriers syndiqués.

Nous voulons alléger le poids de leurs charges et leur donner le moyen de s'approvisionner en plus grande quantité pour *la même somme* d'argent.

Nous voulons que ceux qui peuvent économiser puissent mettre un peu d'argent de côté pour leurs vieux jours.

Nous voulons que la pièce de *vingt sous* leur donne pour *vingt-trois* sous ou pour *vingt-quatre* sous de marchandises.

Bon marché, bon poids, bonne qualité.

Voilà, en trois mots, le programme de notre Société du payement comptant.

**
* **

Voici comment le *Petit Jaune* expliquait le fonctionnement de la Société.

Mon *Petit Jaune* aura le premier prix de *gymnastique,* il grimpe comme un *vrai singe.*

Tenez, hier j'avais laissé ouverte la porte de mon bureau, voilà qu'en rentrant j'aperçois le *gaillard* assis tranquillement sur ma table et en train de retourner mes affaires!

**
* **

— Papa, en voilà un drôle de livre, avec des pages *roses* et tout plein de petits trous au milieu.

— Ça, mon garçon, c'est un livre à souches pour donner de la *chicorée* à bon marché aux camarades syndiqués.

— Comment cst-ce qu'on fait?

— Tu vois, les ouvriers qui viennent ici le soir à la

sortie de l'atelier, ils versent 3 fr. 60 et on leur donne la moitié de la page du livre *rose* pour aller chercher 10 kilogrammes de chicorée *chez le marchand.*

— Papa, et cet autre livre avec des pages *jaunes?*

— C'est pour donner du *café* à bon marché.

— Et le grand livre avec des pages *blanches?*

— C'est pour le *charbon* à bon marché.

— Papa, et le livre pour *le pain à bon marché,* où est-ce qu'il est?

— Il n'y en a pas, les camarades peuvent prendre leur pain à *la Mutualité.*

— Papa, combien est-ce qu'ils gagnent par an, les ouvriers fédérés qui achètent du pain, du café, du charbon et de la chicorée à *bon marché?...*

— Laisse-moi tranquille et va jouer au jardin... Je vous prends le gosse et je le mets à la porte... Vlan!

***

Rentré dans mon bureau, je me dis : faisons le calcul... pour voir. Écoutez-bien et surtout répétez-le *souvent* à votre *femme.*

Rien que sur le pain, le charbon, la chicorée et le café, *un ménage ouvrier* peut économiser 1 fr. 50 ou *pour le moins un franc* par semaine, mettons 50 francs par an, ça fait :

50 fr. pour   1 famille.
500 fr. pour   10 familles.
5,000 fr. pour   100 familles.
50,000 fr. pour 1,000 familles.

Dans notre Fédération nous avons déjà plus de *deux mille familles* qui peuvent en profiter, si elles veulent, ça fait *cent mille francs* d'économies pour les ouvriers.

Eh bien, je fais encore *appel au petit commerce* : brasseurs, bouchers, épiciers, marchands de légumes, de lait, de pétrole, etc., et je leur dis : *Nous vous garantissons le payement comptant*, faites une remise à nos syndiqués, vous rendrez service, à l'ouvrier, l'ouvrier vous aura rendu service et bientôt c'est *cent francs* par an que nous aurons fait gagner à chaque père de famille.

Cent balles ! ça pèse plus que tous les beaux discours des cabaretiers socialistes, je le sais bien moi qui ai *dix enfants* à nourrir.

CHAPITRE VIII

SIX ANNÉES DE PERSÉCUTION

Les martyrs de la liberté. — Les Jaunes en prison. — Un mois de quarante-trois jours. — Le record des reconduites. — Le siège d'une usine. — Jacquerie industrielle. — Les articles 414 et 416.

En 1899, en face de l'hôtel de ville de Tourcoing, nos camarades, trois semaines durant, s'enfermèrent nuit et jour dans leur usine pour continuer à travailler; c'est de ce fort Chabrol (1) de la liberté qu'est sortie notre fédération.

Ni les tracasseries de la police, ni les attaques de la presse, ni les injures, les reconduites, les coups, ni la haine des contremaîtres rouges, ni la prison, ni les menaces de mort n'ont pu nous faire reculer; mais, comme le disait Biétry en abordant la tribune de la Chambre des députés, ouvriers français, dans notre patrie nous sommes *des persécutés;* en voici la preuve :

Le Petit Jaune, mai 1902.

On dit que nous sommes dans le siècle du progrès? Pour l'industrie, les machines, les locomotives, ça

(1) A la suite de la grève cette usine a été arrêtée, elle vient d'être démolie et, de ce fait, 400 ouvriers ont été contraints de chercher du travail ailleurs.

c'est vrai. En trois heures et demie, on va de Tourcoing à Paris, on vole comme les pigeons aux concours
de coulonneux.

L'ouvrier voyage en tramway électrique, il y a même
des malins qui disent que bientôt chacun aura son
abonnement aux ballons dirigeables, qui feront la concurrence aux hirondelles !...

Pour la liberté, mon avis c'est que le progrès se fait
en sens inverse... plus on avance et moins on en a. Si
ça continue, nous allons retourner aux siècles de l'esclavage et de la barbarie.

Des inventions pour la liberté, nous en avons vu de
drôles. Il y a deux ans, pendant les grandes grèves, on
a inventé à Tourcoing les reconduites... Moi, je pensais que c'était fini. Pas du tout, ça recommence et
depuis des mois, matin et soir, on reconduit plusieurs
de nos camarades syndiqués uniquement parce qu'ils
vont travailler ! Pendant la nuit, on vient hurler à leurs
portes :

> Y est là ! ! Y est là ! !
> Vaurien, lâche, vendu !
> Il a trahi l'ouvri !

C'est triste pour un pays civilisé ! Eh bien, je vais
vous parler d'une nouvelle invention... plus triste
encore.

En 1899, on avait laissé les femmes tranquilles, voilà
qu'on a inventé de reconduire... des filles, de pauvres
ouvrières, qui vont travailler pour gagner le pain de
leur famille ; on les insulte, on les reconduit, pour les
forcer à entrer dans le syndicat.

Il ne reste plus qu'à reconduire les petits garçons et
les petites filles pour les *forcer* à aller à telle ou telle
école, et nous aurons alors la liberté... complète.

Mazette!... En voilà du progrès, et il paraît que tout ça c'est légal.

Une idée!... j'en ai de temps en temps. J'avais toujours pensé que, d'après l'avis donné par M. le Maire au président de la Fédération, il fallait, pour être autorisé à faire une sortie de groupe en ville, demander l'autorisation au moins deux jours à l'avance et déclarer l'itinéraire; maintenant, c'est bien simple, nous pouvons sortir tant que nous voulons, chanter l'*Internationale* et la *Carmagnole*, crier dessus les passants. Si le commissaire de police a l'air de vouloir nous dire quelque chose, on lui répondra : « Laissez-nous tranquilles... c'est une reconduite... à Tourcoing, c'est permis!

Le 31 mars dernier, lorsque M. Bérenger nous a reçus à Paris, au Sénat, il nous a dit en nous quittant : « Les sénateurs sont en grande majorité favorables aux Jaunes... les Jaunes n'ont pas jusqu'ici assez compté avec nous; qu'ils viennent à nous avec confiance, nous les écouterons, et leurs conseils et leurs renseignements pourront nous permettre dans bien des cas d'arrêter les folies de la Chambre. »

Les ouvriers et les ouvrières reconduits sont venus s'inscrire chez les Jaunes, en disant : « Protégez-nous! Défendez-nous! » Eh bien! aujourd'hui, sur l'invitation de M. Bérenger, j'adresse un appel aux sénateurs, députés, journalistes, honnêtes gens de tous les partis :

« Regardez nos pauvres camarades qui, depuis des mois, matin et soir, sont reconduits par une troupe qui les insulte et hurle l'*Internationale* et la *Carmagnole*; ils sont amaigris par les insomnies, les émotions et l'épuisement; on les appelle lâches, parce qu'ils travaillent afin de gagner le pain de leurs enfants! Ils sont héroïques tous les jours, voilà les martyrs de la liberté du travail...

« Défendez-les. »

***

Notre Assemblée générale du 21 septembre 1902, constate qu'en pleine grève de l'usine *Vandenberghe,* des ouvriers avaient adhéré à notre fédération et *trois mois durant* avaient dans les rues subi les insultes des Rouges; nous ajoutions :

Les défenseurs de la liberté.

C'est pourquoi les courageux qui ont su mettre *le devoir* au-dessus des intimidations, des menaces, des insultes et des reconduites, les intrépides ouvriers qui ont continué à travailler pendant trois mois, sans se laisser jamais arrêter par les *manifestations* organisées chaque jour contre eux et les hurlements des Rouges, méritent d'être cités *à l'ordre du jour* de la Fédération, ils méritent de recevoir publiquement les félicitations de tous leurs camarades. *(Vifs applaudissements.)*

Ces courageux ouvriers sont :

AUGUSTE AMELINCQ
Vice-président du Syndicat « Les Vaillants ».

AUGUSTE BOUCHE
Membre du Syndicat « La Bobine 20 ».

LOUIS WAGNON
Membre du Syndicat « La Bobine 20 ».

Nous devons également donner une mention spéciale à

HENRI LIAGRE
Président du Syndicat « Les Vaillants »,
qui, en vingt-quatre heures, a fait arrêter une grève. A

tous la fédération décerne le glorieux titre de : *Défenseurs de la liberté du travail.*

La Fédération qui comptait, il y a un an, *soixante-dix-huit* syndicats légalement constitués, en compte aujourd'hui *cent dix*, ce qui, avec les demandes non classées, donne un total de 3,500 syndiqués.

***

En 1903, la persécution redouble, les Rouges veulent nous expulser des usines et nous *affamer;* on nous menace de mort, on nous frappe, le sang coule, nous sommes traînés devant les tribunaux, jetés en prison, condamnés. Voici les faits :

Le Petit Jaune, avril 1903.

La persécution augmente, persécution contre des ouvriers pères de famille! Leur seul crime est de ne pas vouloir se mettre du Syndicat rouge.

Dans les rues de Tourcoing, les Rouges provoquent, menacent, accablent de briques d'honnêtes travailleurs, c'est constaté par la police, par la gendarmerie, et hier par le tribunal.

Le 16 mars, au soir, le sang a coulé.

Qui est-ce qui a été arrêté? — Qui est-ce qui a été mis en prison?

Les Rouges? — Non.

On a emprisonné deux Jaunes.

Pas possible! — C'est pourtant la pure vérité.

Les Jaunes en prison.

Le camarade *Delespaux,* citoyen français, a été mis sous les verrous pendant *quinze jours,* il a perdu *deux semaines* de son salaire. Qu'est-ce qu'il avait fait? — Rien.

Le tribunal a reconnu qu'aucune charge ne pesait sur lui. — Innocent... Acquitté.

Pourquoi garder quinze jours en prison un innocent? — Hohneur à l'ouvrier persécuté!

Le camarade *Verschuere,* poursuivi durant trois semaines par une troupe de braillards qui hurlaient : *A mort Verschuere! Fainéant! Vendu! T'as trahi,* s'est défendu. Aucun de ses agresseurs n'a été arrêté. *Verschuere,* lui, a été arrêté, mis en prison et accusé d'avoir donné un coup de couteau et un coup de matraque.

Le tribunal, forcé de reconnaître que la *plus grave des deux charges n'était pas prouvée,* vient de condamner notre camarade à un mois de prison.

Si *Verschuere* avait été Rouge, pensez-vous qu'on l'aurait attrapé, emprisonné, condamné?

En 1899, un des fondateurs de nos syndicats a été à moitié assommé par les Rouges, il a été six semaines au lit et reste encore sourd d'une oreille et boiteux. Est-ce que malgré la plainte qui a été déposée le coupable a été emprisonné et condamné?

En pays sauvage.

L'opinion publique commence à s'émouvoir et à se tourner contre les oppresseurs de tout poil qui persécutent l'ouvrier. Les vrais Tourquennois sont honteux de voir leur ville, livrée à la terreur rouge, passer en France pour un pays sauvage!

L'année dernière, pendant la grève Vandenberghe, plusieurs de nos camarades ont été victimes d'ignobles *reconduites.* Les hurlements quotidiens des Rouges à la porte des maisons ont rendu malades des femmes et de pauvres petits enfants de nos syndiqués, qui seront affligés pour le reste de leur vie. On connaît les faits.

L'esclavage obligatoire.

Oui ou non, est-ce là de l'oppression?

Oui ou non, les *reconduites* sont-elles des cortèges, des *manifestations*?

Oui ou non, les manifestations sont-elles interdites à Tourcoing?

Alors, pourquoi les manifestations sont-elles permises *uniquement* aux Rouges qui veulent nous assommer?

Oui ou non, sommes-nous des citoyens comme les autres, ayant droit à la liberté, à l'*égalité*, à la fraternité?

Si l'on veut nous imposer l'esclavage obligatoire, qu'on le dise bien franchement.

*
**

Notre camarade *Verschuere*, condamné à trente jours de prison, y est resté *quarante-trois* jours, et *M. Groussau*, député de Tourcoing, a déposé à la Chambre *la première* de toutes ses interpellations pour demander au ministre raison de cette inconcevable injustice. Pas de réponse, *tout est permis contre nous!*

Sois Rouge ou crève de faim.

Du plaidoyer de *M. Ludovic Legrand*, avocat de nos deux camarades, nous extrayons les passages suivants qui, *sur pièces officielles*, montrent les épouvantables persécutions dont nous fûmes les victimes :

« Le plan des Rouges à Tourcoing était bien net, bien étudié. C'est d'arriver corporation par corporation *à monopoliser* le travail. Ils espéraient ainsi arriver à réglementer à leur guise toute l'industrie. *Sois Rouge ou crève de faim,* tel était leur concept de la liberté.

La corporation de l'ameublement est depuis plus de cinq mois le point de mire de leurs coups, et c'est sur elle que se concentrent leurs efforts.

Aussi, le 21 janvier 1903, la presse locale publiait-elle l'information suivante :

« Les ouvriers tisseurs d'ameublement étaient invités à se réunir, hier, dimanche, à dix heures, au local du Syndicat l'*Union des travailleurs du tissu*, 186, rue de Menin. Ils ont répondu en grand nombre à l'appel qui leur était adressé. Près de trois cents ouvriers assistaient à la réunion. De très sérieuses décisions ont été prises relativement à la conduite qu'observera dès à présent le Syndicat des tisserands. A l'unanimité, il a été décidé que : 1° à partir du 1er mars prochain, les ouvriers non syndiqués ne seront plus admis dans les usines où le personnel sera organisé; 2° à partir du 1er juin, les syndiqués n'ayant pas accompli le stage de trois mois imposé dans les syndicats aux adhérents nouveaux, tomberont sous le coup de la même mesure.

« *N.-B.* — Les affiliés aux « Syndicats Jaunes » seront toujours considérés comme non syndiqués.

« Ces décisions exigeant une amnistie entière, pour ne pas être arbitraires, celle-ci est accordée aux ouvriers de l'ameublement qui auraient cessé d'être syndiqués. Le mouvement syndical ouvrier prenant

une extension importante, tous les travailleurs sont
invités, dans leur intérêt et dans l'intérêt du proléta-
riat tout entier, à se grouper le plus vite possible dans
les syndicats.

« *La Commission.* »

Peu leur importait donc le droit de chacun au travail. Non seulement il faut être syndiqué, mais ils
excluent tous ceux qui ne sont pas *de leur syndicat.*

Vous verrez, messieurs, que le Syndicat rouge avait
réussi dans certaines usines.

Lisez au dossier la déposition de *Decock,* vous y
verrez qu'il dit :

« Je travaille chez Lorthiois, tisseur d'ameublement,
et je fais partie du Syndicat rouge; on est, en effet,
obligé de faire partie de ce Syndicat pour être employé
dans cet atelier, sans cela *on n'aurait pas de travail.*

« Une fois embauché, si l'on ne devenait pas syndiqué, les autres ouvriers *cesseraient le travail* jusqu'à ce
qu'on soit renvoyé. »

***

Donc, d'après la déposition même de nos adversaires :
Plus de travail pour les Jaunes. Le jugement du tribunal
de Lille constatait qu'il y avait eu *provocation* de la part
des Rouges, mais notre camarade fut condamné.
Quelques jours après, le Syndicat rouge faisait éclater
la grève chez *Lorthiois-Leurent.* Des Jaunes s'enferment
jour et nuit dans l'usine pour continuer le travail.
C'est un siège en règle, tout ce qui sort de l'usine est
visité par les grévistes ou *reconduit* jusqu'aux métiers
qui délogent.

Le Petit Jaune, mai 1903.

Le record des reconduites, grand championnat gagné par les grévistes de Tourcoing.

Des concours, il y en a de toutes sortes.

Longues pipes, cartes, pinchonneux, coulonneux, coqueteux, vélocipédistes, courses, automobiles et enfin... *reconduites* ouvrières.

Ce dernier *sport* vient de donner lieu à un championnat jusqu'ici sans exemple.

Depuis quatre ans, on s'était contenté à Tourcoing de *reconduire* les ouvriers qui voulaient continuer à travailler et ne plus se laisser mener par le bout du nez.

Comme nous sommes dans le siècle du progrès, on a ensuite inventé de *reconduire* les jeunes ouvriers et même *des bacleux* (expression locale qui désigne un débutant dans la filature).

Après cela, ç'a été le tour des filles de seize à dix-huit ans, que des cortèges d'hommes et de femmes ont *reconduites* publiquement dans la rue avec accompagnements de chansons : « Y est là, T'as trahi » et hurlements divers sur le même air.

L'invention des *reconduites* date du dix-neuvième siècle, dit le siècle *des lumières*.

L'aurore du vingtième est marquée par une nouvelle invention, le clou du nouveau sport : c'est la reconduite d'un camion pendant trente-deux kilomètres.

Écoutez l'histoire, c'est incroyable, mais c'est absolument vrai. Le grand prix a été gagné par quatre grévistes qui ont marché, couru, galopé au pas gym-

nastique derrière le camion du tissage qui transportait
leur métier, parce qu'ils ne voulaient plus travailler.

Une reconduite de trente-deux kilomètres.

Trente-deux kilomètres dans les jambes, presque
toujours au pas gymnastique, pour une fois, savez-
vous, ça peut compter!

On ne peut pas se payer de pareilles courses tous les
jours, bientôt on n'aurait plus de souliers.

Vrai, en partant de l'usine, on ne savait pas que
l'étape serait si longue, *pas de café, pas de tartines* et pas
de provisions, heureusement qu'en passant devant des
boutiques un camarade a été chercher des petits pains
fourrés au pâté, qu'on a mangés sur le pouce tout en
galopant.

Tout de même, c'était plus dur que les reconduites
qu'on fait aux ouvriers de Neuville, de Mouvaux ou du
Virolois; un camion, deux cochers, qui chacun, avaient
un fouet *avec la manière de s'en servir,* deux chevaux,
tout ça c'est plus difficile à reconduire que les ouvriers.

Aux descentes les chevaux allaient comme le vent,
mais aux montées on arrivait à les rattraper. Il n'y a
pas d'erreur, on était trempé de sueur, mais l'espé-
rance de gagner le grand prix des reconduites soute-
nait les grévistes.

Se mettre sur le camion, ça aurait été plus com-
mode, mais les deux cochers montraient qu'ils n'étaient
chargés de conduire que les métiers.

Victoire!... Au bout de trente-deux kilomètres, les
infatigables grévistes ont décroché le grand prix; nous
ne l'avons pas vu, mais tout ce que nous savons c'est
qu'il pesait *lourd,* puisque, pour le rapporter, ils ont

dû prendre le chemin de fer, en venant annoncer à leurs camarades que leurs chaînes étaient à trente-deux kilomètres de Tourcoing.

***

Quand le meunier n'est plus maître dans son moulin il déménage autre part ou liquide la situation.

Quand les patrons sont commandés par leurs ouvriers qui veulent gouverner l'usine, c'est la révolution; l'industrie quitte le pays et le patron va s'établir ailleurs en se gardant bien de prendre avec lui ses ouvriers, qui restent sur le pavé.

Ce ne sont pas les cabaretiers meneurs qui viendront payer les dettes des grévistes, *les dindons* de la farce.

Les grèves ont déjà fait fermer [beaucoup d'usines.

Les ouvriers peuvent avoir de justes réclamations à présenter aux patrons. Pour les voir aboutir, ils doivent s'organiser de manière à en faire examiner la justesse et prévenir les grèves, qui causent généralement la ruine et la perte de l'indépendance des travailleurs.

Plus que jamais il devient donc nécessaire que tous les honnêtes ouvriers se groupent dans les syndicats indépendants; c'est pour eux le seul moyen de conserver leur liberté et d'échapper à la misère qui est la conséquence directe de la grève. »

***

Partout se multipliaient les attaques contre nos camarades.

Le Petit Jaune, juin 1903.

De plus en plus la tyrannie socialiste supprime la liberté du travail, la presse indépendante le constate chaque jour. Dernièrement nous lisions dans le *Journal de Roubaix :*

« Des ouvriers qui, lors des dernières grèves de Mouvaux et d'Halluin, n'ont pas consenti à cesser le travail, ont vu leurs maisons assiégées par une foule furieuse qui a brisé leurs vitres à coups de pierres et a proféré des menaces de mort. Des femmes et des jeunes filles sans défense ont été assaillies au sortir de l'usine; on les a frappées, grossièrement insultées et maltraitées à tel point que quelques-unes d'entre elles avaient la figure ensanglantée.

« A Halluin, un père de famille a été renversé, piétiné, assommé à coups de talon. Ses agresseurs avaient même décidé de le jeter dans un aqueduc : c'est par miracle que le malheureux a échappé à une mort terrible. »

Durant plus d'une semaine l'usine Lorthiois-Leurent, dans laquelle un groupe d'ouvriers indépendants continuait le travail, a été *assiégée jour et nuit* par les grévistes.

On peut encore voir s'étaler sur nos murs une affiche rouge ainsi conçue :

« Halte-là, ouvriers de Tourcoing! Où courez-vous? Je vais (*sic*) où mon devoir m'appelle, en face l'usine Lorthiois, rue du Petit-Village, surnommée la nouvelle botte de paille, pour reconduire les traîtres à la classe ouvrière.

« Oui, oui, j'irai tous les soirs. »

L'excitation publique au désordre est donc officiellement appuyée à Tourcoing.

Des personnes paisibles sont attaquées dès qu'on peut les soupçonner de favoriser les partisans de la liberté, la presse a parlé de cette rentière de Mouvaux qui a vu sa maison cernée par les grévistes de l'usine Blondet, parce qu'elle avait applaudi au passage un ouvrier indépendant qui revenait du travail!

Un vieillard de soixante-dix ans, matelassier à la Croix-Rouge, a été insulté et *reconduit* par une bande de grévistes, tout simplement parce que, ayant été battre un matelas chez un contremaître de l'usine assiégée, les Rouges l'avaient soupçonné d'avoir voulu demander du travail!

Nous sommes en plein régime *des suspects*, en plein régime d'esclavage.

N'est-il pas effrayant de constater qu'à Tourcoing les Pouvoirs publics laissent impunément des groupes insulter et .apper des citoyens paisibles?

On laisse organiser le siège d'une usine contre une poignée de braves pères de famille, ouvriers obligés de s'enfermer dans l'atelier pour gagner le pain de leurs enfants. Le jour où la révolution viendra assiéger et chambarder les maisons de ceux qui n'ont pas voulu garantir aux prolétaires la liberté du travail, que feront-ils? Les Rouges leur diront : Vous avez laissé insulter dans la rue, assommer de pauvres ouvriers qui voulaient gagner leur pain en travaillant, *c'est à votre tour.*

Vive la révolution sociale!

*
* *

Jamais on ne se fera une idée des difficultés, des luttes, des souffrances endurées par les ouvriers indépendants pour défendre la liberté du travail.

Notre groupement, groupement de liberté, groupement d'hommes énergiques et convaincus, est le seul qui puisse briser la tyrannie et empêcher la ruine de l'industrie dans le pays.

Après les grèves de 1899, si les *Jaunes* de Tourcoing n'avaient pas levé le drapeau de l'indépendance sur lequel ils ont écrit : *Paix, Travail, Liberté,* depuis deux ans les ouvriers de l'industrie textile seraient tributaires des exploiteurs de leur crédulité.

On a vu nos héroïques camarades *reconduits* pendant des mois entiers au milieu des insultes et des menaces de mort.

Lorsque poursuivis, attaqués, cernés par les Rouges, ils ont voulu défendre leur vie, deux ont été arrêtés.

L'un deux a été condamné à un mois de prison pour s'être défendu.

Au bout de trente jours, vous pensez qu'on l'a remis en liberté pour lui permettre de gagner le pain de ses enfants.

Non, sans aucune raison, on l'a gardé en prison *treize jours de plus.*

Pourquoi ?

Il a fallu qu'un député monte à la tribune de la Chambre pour demander compte de cet acte d'arbitraire et de tyrannie dont un ouvrier est la victime.

*
* *

Si nos camarades de tous les partis comprennent leur intérêt et la vraie solidarité, ils doivent protester avec nous.

Pourquoi ?

Parce que la tyrannie qu'on exerce aujourd'hui *contre nous,* peut demain s'exercer *contre eux.*

Le jour où, passant par-dessus la tête des juges un délégué quelconque de l'ad-mi-nis-tra-tion aura l'idée d'emprisonner arbitrairement un Rouge, si les camarades vont réclamer on leur répondra :

F...-nous la paix ! La légalité, c'est une vieille balançoire dont on ne s'occupe plus. Taisez-vous, sans cela on vous fait fourrer au bloc pendant treize jours, comme un simple Jaune.

Hélas plusieurs des assiégés menacés de mort et privés de travail par la tyrannie des rouges ont dû quitter le pays. *Honneur aux martyrs de la liberté !*

Ce n'était là qu'un commencement, sur un mot d'ordre, un mouvement que les Rouges eux-mêmes ont qualifié de *Jacquerie industrielle,* éclatait à Armentières et les bandes révolutionnaires venaient chambarder nos usines et nos demeures.

Le Petit Jaune, septembre 1903.

Dans le Nord la série des grèves continue ; une poignée de meneurs suffit pour terroriser des milliers d'ouvriers qui marchent à l'ordre avec la docilité des esclaves.

Le père de famille qui se figure que la liberté du travail existe encore et veut gagner le pain de ses enfants est roué de coups au nom de *la liberté.*

La force publique est réduite à l'inertie... C'est *la terreur !*

Bientôt, si ça continue, la tyrannie deviendra si horrible qu'il sera défendu à l'ouvrier de travailler sans la permission des exploiteurs de la misère ouvrière, *sous peine de mort*. Le plan suivi par les Rouges est habile, ils mettent successivement en grève les usines dans l'espoir d'amener une par une chaque industrie à capituler devant le *bloc* révolutionnaire.

Le but est de *détruire* l'industrie, pour cela ils cherchent à augmenter par tous les moyens, la misère du peuple afin de le rendre ingouvernable et de le lancer dans la *révolution sociale*. Ainsi, rendant toute entente impossible entre le capital et le travail, on prépare le monopole de l'État et l'esclavage collectiviste.

La liberté du travail est et demeure supprimée.

Pour les hommes, défense de travailler sous peine d'être chambardés. Pour les femmes et les jeunes filles, on menace de leur couper les cheveux et de les rouer de coups, si elles ont l'audace d'aller travailler.

Le Petit Jaune, septembre 1903.

La révolution sociale terrorise le pays.

L'armée des grévistes parcourt la contrée en semant sous ses pas *la terreur*.

Les portes des fabriques sont brisées, les vitres volent en éclats, les fils télégraphiques sont coupés, les colonnes des réverbères sont renversées, les patrons terrorisés font arrêter eux-mêmes leurs machines pour éviter *le pillage* et *l'incendie*.

Les ateliers sont envahis, les ouvriers qui voudraient continuer à travailler sont injuriés, roués de coups, chassés comme un troupeau de moutons et fuient devant une poignée de meneurs.

Il faut partir et la bande hurlant l'*Internationale*

menace d'incendier l'atelier si le travail est repris.

La police se déclare impuissante, le petit commerce voit ses magasins en partie *dévalisés* et n'ose pas se plaindre par crainte *de représailles.*

C'est la terreur rouge.

???

Où se passent ces scènes d'anarchie?

Est-ce en Chine, chez les *Boxeurs?* — En Macédoine? — En Arménie? — A Madagascar???

Non, c'est *en France,* dans le département du Nord, sous un régime dit de *liberté!*

Vrai, jamais depuis cent ans, on n'a vu pareil esclavage et pareille désorganisation.

* *

Et le droit de légitime défense, ce droit naturel reconnu chez toutes les nations *civilisées.*

Hélas! nous savons qu'il serait dangereux de nous en servir. Le droit de légitime défense n'existe plus pour nous, parce que nous sommes des partisans de l'ordre et de la tranquillité publiques.

Nous le savons par expérience, si un malheureux ouvrier jaune traqué, insulté, menacé de mort avait l'audace de défendre sa liberté et *sa vie,* la police, impuissante contre les Rouges, le jetterait en prison.

Si ce Jaune, défenseur de l'ordre et de la liberté est condamné à un mois de prison, il restera au fond d'un cachot pendant *quarante-trois jours...* C'est de l'histoire.

Il n'y a pas d'erreur, si nous n'étions pas des hommes de *conviction* bien persuadés que nous défendons notre pain et celui de nos enfants en luttant contre *les syndicats politiciens* qui vont ruiner le travail, il y a longtemps que nous aurions abandonné la lutte.

S'il y a quelques patrons qui commencent à comprendre que seule notre héroïque résistance peut sauver le travail, il y en a beaucoup qui traitent avec les Rouges parce qu'ils les craignent et d'autres ont sacrifié les Jaunes qui avaient défendu la liberté du travail.

Aujourd'hui, la révolution qui passe va montrer aux plus aveugles que si les honnêtes ouvriers de leurs ateliers ne se groupent pas pour résister aux meneurs politiciens, *le travail* est perdu.

Les reconduites devant la commission d'enquête parlementaire.

Le lecteur comprendra pourquoi, le 21 janvier 1904, nous avons voulu faire entendre devant la commission d'enquête parlementaire une énergique protestation contre les ignobles *reconduites*, dont, depuis des années, nous sommes *les victimes*.

Nous avons donné lecture de la correspondance échangée pendant la grève *Vendenberghe* entre le président de l'Union fédérale de filature et la soi-disant commission de grève, pour établir sur documents la preuve que les ouvriers en grève ne peuvent en aucune façon discuter eux-mêmes leurs intérêts sans passer par le meneur qui les exploite.

Avant de commencer nous fîmes le court exposé suivant :

La grève de la maison Veuve Vandenberghe-Desurmont durait déjà depuis plusieurs semaines; un certain nombre d'ouvriers désiraient une entente; deux d'entre eux demandèrent à M. Duquesne, président de l'Union fédérale de filature, d'intervenir afin de terminer ce conflit; M. Duquesne, qui n'avait aucun titre pour prendre en main cette affaire, acceptait à la condition que sa mission fût confirmée par un pouvoir signé par un certain nombre d'ouvriers de ladite maison et il leur remit une formule de pouvoir comme suit (1) :

« Les soussignés, ci-dessous désignés, autorisent le nommé Henri Duquesne à faire en leur nom les démarches auprès de M. Vandenberghe pour un arrangement pour la reprise du travail et faire cesser la grève.

« *Signé* : AMERLINCK Auguste et BOUCHE Auguste. »

LE SECRÉTAIRE. — Le pouvoir en question a été remis par les signataires à la réunion des grévistes chez M. Volt-Catteau, pour recueillir les signatures des ouvriers désireux de tenter un rapprochement. M. Volt, cabaretier, n'exerçant pas une profession le mettant à même de discuter la question, s'y est opposé.

M. LE PRÉSIDENT. — Pardon; à cette époque, il exerçait la profession de trieur et je ne sais même pas s'il n'exerce pas encore cette profession.

LE SECRÉTAIRE. — Je ne conteste pas qu'il soit trieur, mais je constate qu'il n'exerce aucune profession se rattachant à la filature.

M. Volt a biffé les deux signatures apposées au-dessous du pouvoir et a répondu sur la même feuille de papier, sur laquelle il a apposé le cachet de son syndicat.

(1) Ces documents ne figuraient pas au projet de procès-verbal qui nous a été communiqué en février 1906; nous en avons réclamé l'insertion par notre lettre du 5.

CHAMBRE SYNDICALE
TEXTILE
TOURCOING ET SES ENVIRONS   Tourcoing, 22 février 1902.

Monsieur Henri Duquesne,

Les ouvriers grévistes réunis en assemblée générale
ont décidé d'accepter le nommé Henri Duquesne pour
faire les démarches et entreprendre les pourparlers
nécessaires pour faire cesser le conflit existant entre les
ouvriers et patron de chez Mme veuve Vandenberghe-
Desurmont.

Pour les ouvriers en grève de chez Mme veuve Van-
derberghe-Desurmont;

Pour le président de la grève et par ordre des ouvriers,

Signé : Volt-Catteau.

Nota. — Réponse au local rue de la Malcense, 120,
par lettre cachetée. Réunion le 24 février 1902,
9 heures du matin.

Réponse de M. H. Duquesne.

(Même date.)

Monsieur Volt-Catteau,

Je suis en possession de votre honorée de ce jour;
comme en principe, nous ne voulons nous occuper que
de choses qui nous regardent ou pour lesquelles nous

avons mandat officiel, j'ai l'honneur de vous aviser que bien volontiers je prendrais en main la cause des ouvriers en grève de la maison Vandenberghe-Desurmont, mais à la condition d'avoir en main un pouvoir en règle signé d'un certain nombre d'ouvriers. Muni de ce pouvoir, je ferai tout ce qui dépend de moi pour mener cette affaire à bonne fin.

Agréez, monsieur, mes bien sincères salutations.

Signé : H. DUQUESNE.

Réponse de M. Volt-Catteau.

Tourcoing, le 25 février 1902.

MONSIEUR HENRI DUQUESNE,

Votre honorée du 22 courant a été lue en assemblée générale des grévistes; il a été décidé que les ouvriers de la filature de Mme veuve Vandenberghe-Desurmont sont décidés, à l'unanimité, à maintenir leurs dernières réclamations, ainsi conçues :

Pour les rattacheurs, 22 francs garantis; plus le gazage, 3 francs; 1/2 gazage, 1 fr. 50; défilage, 4 fr. 50; plus deux heures de nettoyage : fileur, 0 fr. 60; rattacheur, 0 fr. 40; bâcleur, 0 fr. 17.

Au nom de tous les grévistes. En attendant une bonne solution.

Agréez, monsieur, nos sincères salutations.

Pour le président,
Signé : VOLT-CATTEAU.

Réponse de M. H. Duquesne.

(Même date.)

MONSIEUR VOLT-CATTEAU,

Je suis en possession de votre honorée de ce jour et ne puis que vous confirmer ma lettre du 22 courant.

Pour m'occuper du conflit en question, il est nécessaire que je sois en possession d'un pouvoir en règle; aussitôt que ce pouvoir me sera remis, j'examinerai les revendications avec une délégation composée exclusivement d'ouvriers de l'établissement, et, après entente définitive, je tenterai quelques démarches.

Quant à présent je ne puis même pas étudier la liste des revendications que vous m'adressez, attendu qu'elle n'est accompagnée d'aucune demande ni de signature des ouvriers en grève.

Agréez, monsieur, mes sincères salutations.

Signé : H. DUQUESNE.

Réponse de M. Volt-Catteau.

Tourcoing, le 27 février 1902.

MONSIEUR HENRI DUQUESNE,

La réunion de ce jour a reconfirmé les mêmes conditions. Marchez au nom des grévistes sans aucune signature. Si cela ne suffit pas, *c'est fini.*

Recevez nos sincères salutations.

Pour tous les ouvriers en grève de la filature de Mme veuve Vandenberghe-Desurmont :

Pour le président et par son ordre,

Signé : VOLT-CATTEAU.

13

Réponse de M. H. Duquesne.

Tourcoing, le 20 février 1902.

Monsieur Volt-Catteau,

Je suis en possession de votre honorée d'hier. Comme vous n'êtes pas ouvrier de la maison dans laquelle il existe un conflit, je ne vois pas bien par quels pouvoirs vous me donnez des ordres d'agir en cette circonstance; je ne puis défendre les intérêts des ouvriers en grève qu'avec des pouvoirs émanant des intéressés.

Quant à moi, j'ai la prétention de ne m'occuper que des affaires qui me regardent ou pour lesquelles j'ai mandat des intéressés eux-mêmes.

Je ne puis, avouez-le, présenter des revendications au nom d'ouvriers que je n'ai même pas vus et avec lesquels je n'ai pu causer des choses pour lesquelles ils me donnent mandat.

Je ne puis accepter de mandat impératif.

Si les demandes qui m'ont été faites ne l'ont pas été dans le but d'arriver à une conciliation, vous comprendrez aisément que je ne veux pas servir de polichinelle en allant, le quatrième, présenter des revendications trois fois refusées.

Mon but, en acceptant la mission qui ne m'a pas été confirmée, était de chercher à obtenir pour les ouvriers le plus possible, à la condition, toutefois, que ceux-ci veuillent bien être un peu conciliants et accepter quelques concessions.

Agréez, monsieur, mes bien sincères salutations.

Signé : H. Duquesne.

La lecture de ces documents a été suivie sur les originaux par M. le Président.

Cette lecture terminée, le secrétaire remet à M. le Président les copies préparées pour laisser à la commission et reprend les originaux.

LA LIBERTÉ DU TRAVAIL

M. LE MAIRE. — A quoi voulez-vous en venir?

— A prouver que dans cette grève durant laquelle des ouvriers ont été *reconduits pendant plusieurs mois,* les ouvriers n'ont pas été libres, et qu'après les démarches de quelques-uns pour tenter un rapprochement, le Syndicat, par l'intermédiaire de Volt-Catteau, étranger à la profession, a empêché toute relation entre celui qui avait été choisi par quelques-uns pour tenter un rapprochement entre les intéressés.

Ce n'est qu'après cet échange de correspondance que des ouvriers, fatigués de se voir leurrer, ont décidé de rentrer *sans conditions;* le travail a été repris par les ouvriers qui ne voulaient plus être forcés au chômage par ceux qui mettent des entraves à tout rapprochement; quatre fileurs, dont les deux signataires du pouvoir demandé par M. Duquesne, ont recommencé le travail; des équipes de rattacheurs ont été formées, beaucoup n'ont travaillé que quelques jours et ont cédé aux menaces, aux intimidations et *aux reconduites.*

UN DÉPUTÉ. — Vous parlez de *reconduites,* pourriez-vous nous expliquer ce que c'est?

Comment M. le Maire écrit l'histoire à sa façon.

M. LE PRÉSIDENT, MAIRE DE TOURCOING. — Voici. Les ouvriers, en général, quand ils ont décidé de résister, ont entre eux un esprit de solidarité qui fait que, quand, cédant aux besoins, certains de leurs camarades paraissent disposés à réintégrer l'usine, alors à la rentrée et à la sortie de l'atelier *ils se rangent des deux côtés de la route pour les regarder passer, espérant par ce moyen les intimider et leur faire abandonner le travail.* Vous ne voudriez pas qu'il soit défendu aux ouvriers de se servir de ce moyen.

La vérité sur les reconduites.

— Si les grévistes s'en tenaient là, ce serait leur droit strict ; mais ce que nous réprouvons, c'est le cortège organisé pour reconduire à domicile, les menaces, les injures, les chants, et surtout les coups frappés derrière.

Si l'ouvrier reconduit reçoit un coup, il ne sait d'où il vient, c'est *la foule*, donc c'est *personne*, il est impossible de réprimer, car on ne saurait désigner qui a frappé. Si, au contraire, il reconnaît son agresseur et porte plainte contre lui, on trouvera immédiatement quinze témoins pour prouver *qu'il s'est trompé* et personne ne sera poursuivi.

Mais si l'ouvrier pourchassé, entouré, injurié et frappé par derrière ou recevant des cailloux perd son sang-froid et frappe au hasard ceux qui l'entourent, alors, comme il est seul, ce ne peut être que lui qui a frappé et il est *poursuivi.*

Ce que nous demandons, c'est : la protection d'un individu contre cinquante et non la protection de cinquante individus contre un ; nous demandons que l'acte d'intimidation de l'ouvrier qui use de son droit de travailler soit considéré comme *un délit et poursuivi comme tel.*

M. LE PRÉSIDENT. — C'est une accusation contre la police municipale accusée de n'avoir pas fait son devoir ;

je sais que vous avez, à ce sujet, déposé une plainte à
M. le Procureur de la République, qui a donné des
instructions spéciales à M. le Commissaire central.

— M. le Procureur de la République pas plus que la
police ne pouvaient sévir, attendu qu'ils n'avaient pas
en main les armes nécessaires pour réprimer les faits
dont nous nous plaignons. La législation actuelle ne
prévoit et ne poursuit comme entrave à la liberté du
travail que *les voies de fait*.

Dans les reconduites, si le reconduit est victime
de voies de fait, *il lui est impossible de porter une accusation*, parce que la foule c'est *personne*, et s'il reconnaît son agresseur, on trouvera toujours des témoins
pour prouver qu'il s'est *trompé*.

M. JAURÈS. — Alors, c'est une loi que vous demandez?

— Certainement, nous demandons aux législateurs
de nous protéger et de protéger tous les ouvriers qui
veulent travailler.

M. JAURÈS. — Il est actuellement question à la
Chambre de supprimer du Code les articles 414 et 416
qui prévoient les délits spéciaux aux grèves, afin de
les placer dans les délits spéciaux de droit commun; de
cette manière vous obtiendrez une certaine satisfaction.
Est-ce cela que vous nous demandez?

— Nous nous en remettons à la sagesse du législateur; pour nous, peu importe par quelle loi nous
sommes protégés, pourvu que nous *le soyons*.

M. REILLE. — Il ne serait peut-être pas nécessaire
de recourir à une loi. Les municipalités, en vertu de
leurs pouvoirs, pourraient prendre *des mesures efficaces*
afin d'éviter ces abus.

— Dans le cas présent, nous préférons une loi qui
serait applicable partout, et dont au besoin nous

pourrions *réclamer l'application;* car il peut se faire que des conseils municipaux se fassent les complices des agitateurs.

M. REILLE. — En ce cas une loi est préférable.

M. JAURÈS. — Je vous prie de vouloir bien spécifier ce que vous désirez : Voulez-vous que les cas de grève soient compris dans les délits de droit commun ou désirez-vous une législation *spéciale* aux cas de grève?

Ainsi, par exemple, que pensez-vous d'un cas comme celui-ci : Dans une commune très catholique, une école est laïcisée, la population manifeste et va injurier, frapper même des personnes qu'elle soupçonne d'être les auteurs ou les causes de cette laïcisation, un certain nombre sont arrêtés et poursuivis?

— En ce cas il y a *délit* qui mérite répression.

M. JAURÈS. — Voulez-vous dans ces circonstances assimiler ces cas aux cas de grève et faire poursuivre les délits de grève comme délits de droit commun? Jusqu'à présent des faits qui en temps ordinaire auraient été considérés comme des délits, étaient *tolérés*, à la faveur d'agitation causée par la grève, et les délits de grève étaient soumis à une législation *spéciale.* Que voulez-vous? Voulez-vous *une loi spéciale,* ou que tous les délits, quels qu'ils soient, soient considérés comme délits de droit commun?

— Nous avons dit que pour cela nous nous en remettions à la sagesse du législateur, mais nous croyons préférable d'avoir *une loi spéciale* visant l'entrave à la liberté du travail et les cas de grève, c'est-à-dire *assimiler* aux cas de voies de fait prévus par l'article 414 les faits de *reconduite, cortège, chants* ou *intimidation quelconque* contre les ouvriers qui prétendent user de leur droit en travaillant.

M. Jaurès. — Pourquoi?

— Parce que les cas que vous nous citiez tout à l'heure sont des cas isolés et que les faits de reconduite, intimidation et autres que nous avons signalés se répètent *chaque fois qu'il y a grève* et même quand un ouvrier est mis *à l'index sans grève.*

M. Jaurès. — Très bien, je prends bonne note de votre vœu.

Le Président de l'Union fédérale de Triage et Peignage fait le tableau des conséquences des reconduites et s'exprime en ces termes : *L'homme généralement n'a pas peur tant qu'il est sur la route, mais arrivé chez lui, quand les bandes profèrent des menaces et quelquefois cassent les carreaux, la femme est là, tremblante, les enfants effrayés n'osent bouger, ou poussent des cris déchirants. Quelquefois pendant plusieurs heures ces bandes tournent autour de la maison, personne n'ose sortir, même s'il est nécessaire d'aller chercher quelque chose pour l'alimentation; c'est peu encore quand ces reconduites ne se font qu'une fois, mais si elles se renouvellent tous les jours ou plusieurs fois la semaine, qu'arrive-t-il? Hé bien! il arrive que quelques semaines après c'est la femme, c'est un ou plusieurs enfants qui tombent malades. La cause? C'est le saisissement produit quand le père a été reconduit; et voilà un homme mis dans cette alternative où ne rien gagner pour le bon plaisir des autres, ou exposer sa famille à la maladie.*

Le Président de l'Union fédérale de Tissage. — Je signalerais volontiers à la commission un cas de brutale entrave à la liberté du travail. C'était pendant la grève Tiberghien en 1899; un de mes amis personnels a été poursuivi et emmené dans la rue Hoche, le soir ladite rue à cette époque n'était pas éclairée; là il y fut frappé si brutalement par les grévistes qu'il a tenu le lit pendant six semaines. Actuellement il est encore sourd d'une oreille, suite des mauvais traitements qu'il a reçus à cette époque et cela pour avoir cru pouvoir user de son droit *en travaillant.*

M. LE PRÉSIDENT DE L'UNION FÉDÉRALE DE FILATURE. — Si le M. le Président veut s'en convaincre il pourrait facilement consulter les registres de police de mars et avril 1902; il y verrait qu'en bien des circonstances, les agents débordés ont dû sauver *Amerlinck au poste de police de la Croix-Rouge,* parce qu'il leur était impossible de maintenir la bande qui le poursuivait.

M. LE PRÉSIDENT. — Je me rappelle, en effet, qu'à cette époque des abus ont été commis.

UN DÉPUTÉ. — Je crois, Monsieur le Président, qu'à ce sujet nous n'avons qu'à prendre note du vœu exprimé par ces messieurs, comme nous avons fait, du reste, du vœu qui nous a été déposé par les patrons.

LE PRÉSIDENT DE L'UNION FÉDÉRALE DE FILATURE fait remarquer que la suppression du travail du père de famille par les reconduites c'est la suppression de *son pain et de celui de ses enfants.*

LE PRÉSIDENT DE L'UNION FÉDÉRALE DE TRIAGE ET PEIGNAGE dit qu'il ne faut pas toujours travailler dans un établissement en grève pour être l'objet de menaces et cite à l'appui de son dire des menaces dirigées *contre lui* personnellement pendant la grève Lorthiois, quoiqu'il n'ait jamais travaillé dans cette maison.

*

M. Jaurès avait pris *bonne note* de notre vœu, ça ne suffit pas pour nous empêcher d'être assommés par les Rouges.

Un an auparavant, le 22 janvier 1903, nous avions

adressé à notre député, le premier jurisconsulte de la Chambre, la lettre suivante :

- *A Monsieur Grouss. u, député du Nord.*

Monsieur,

Lors des grèves de la filature de laine à Tourcoing, beaucoup de nos camarades ont cruellement souffert de l'insuffisance de nos lois en matière de protection du travail. Chaque jour des groupes de grévistes venaient devant l'usine attendre les ouvriers à leur entrée et à leur sortie; d'autres allaient prendre chez eux leurs camarades désireux de travailler et qui se refusaient à faire grève, et, pour éviter que ces malheureux ne fussent assommés, il fallait les faire accompagner d'agents de police destinés à les protéger. Et cependant l'administration municipale désirait éviter ces manifestations bruyantes et cherchait à les réprimer; le parquet, de son côté, donnait des ordres sévères pour que tous délits commis par les grévistes fussent poursuivis.

Mais il manque un texte punissant en termes plus précis que notre article 414 du Code pénal toutes les entraves à la liberté du travail.

Cet article, en effet, prévoit les menaces, les violences, les voies de fait, et la jurisprudence a eu l'occasion de l'appliquer dans plusieurs affaires célèbres, notamment à Saint-Étienne, le 31 octobre 1890 et le 3 février 1893, et à Toulouse en 1896 *(affaire Renejoies).* Mais vu l'insuffisance de la loi, les meneurs viennent en grand nombre se porter à l'entrée des usines, et là, sans menaces, sans violences, sans voie de fait, attendent leurs camarades qui veulent continuer à travailler pour les reconduire chez eux; *il n'y a pas de délit.*

Et cependant, n'y a-t-il pas là une violation de la liberté du travail et ne faut-il pas un courage réellement trempé pour résister à la peur vis-à-vis de ces troupes nombreuses qui s'abstiennent de violence aussi longtemps seulement que la police peut intervenir, et deviennent dangereuses quand elle n'est plus là pour les surveiller. Car il faudrait s'entendre. Qu'entend-on par droit à la grève? Est-ce le droit pour quelques meneurs, plus forts, plus bruyants et plus intelligents peut-être, de terroriser le grand nombre des ouvriers paisibles, ou bien est-ce le droit pour chaque individu de cesser le travail après avoir consulté son voisin, sans que l'entente avec ce dernier puisse exposer le premier aux peines autrefois prévues en cas de coalition?

Si cette dernière conception du droit de grève est vraie, et c'est la seule qui respecte la liberté de chacun, il est évident que l'article 319 du Code pénal est insuffisant et qu'il y a lieu de le modifier.

Nos voisins les Belges ont, eux aussi, connu les violences et les abus des grèves; ils se sont empressés de faire à leur article 319 du Code pénal, devenu depuis la revision de leur Code l'article 310, une addition qui nous paraît devoir réaliser la loi que nous cherchons. Voici le texte de cet article : « Code Belge, article 310, la loi du 30 mai 1892 qui a modifié l'article 310 (414-415-416). — I. Sera puni d'un emprisonnement d'un mois à deux ans et d'une amende de cinquante à mille francs, ou d'une de ces deux peines seulement toute personne qui, dans le but de forcer la hausse ou la baisse des salaires, ou de porter atteinte au libre exercice de l'industrie ou du travail, aura commis des violences, proféré des injures ou des menaces, prononcé des

amendes, des défenses, des interdictions ou toutes pres-
criptions quelconques, soit contre ceux qui travaillent,
soit contre ceux qui font travailler. Il en sera de
même pour ceux qui auront porté atteinte à la liberté
des maîtres ou des ouvriers, soit par *des rassemblements*
près des établissements dans lesquels s'exerce le travail
ou près de la demeure de ceux qui le dirigent, soit en
se livrant à des actes d'*intimidation* à l'adresse des
ouvriers *qui se rendent au travail ou en reviennent,* soit en
provoquant des explosions près des établissements
dans lesquels s'exerce le travail ou dans les localités
habitées par les ouvriers, soit en détruisant les clôtures
des établissements dans lesquels s'exerce le travail *ou
des habitations ou terres occupées par les ouvriers,* soit en
détruisant ou en rendant impropres à l'usage auquel
ils sont destinés les outils, instruments, appareils ou
engins de travail ou d'industrie. »

Nous voudrions, Monsieur le Député, vous voir déposer un projet de loi en ce sens. Vous aurez ainsi acquis
un nouveau titre à la reconnaissance des travailleurs
de Tourcoing.

Agréez, Monsieur le Député, l'hommage de notre
profond respect.

*Le Président de l'Union fédérale
du triage et peignage,*
A. DUMEZ.

*Le Président de l'Union fédérale
de filature,*
Henri DUQUESNE.

*Le Président de l'Union fédérale
du tissage,*
François LOTTE.

Le Secrétaire de la Fédération,
Ernest DROUESELLE.

Cinq jours après nous recevions de Paris la lettre suivante :

CHAMBRE
DES DÉPUTÉS
—

Paris, le 29 janvier 1903.

M. Degueselle, *secrétaire général de la Fédération syndicale, à Tourcoing.*

« J'ai bien reçu la lettre de MM. Dumez, Duquesne, et Lotte, présidents des Unions fédérales des syndicats indépendants de Tourcoing, que vous m'avez adressée.

« Vous réclamez en termes excellents une protection plus complète, une sanction plus efficace pour la liberté de travail. Je partage absolument votre avis.

« L'exemple de la Belgique et aussi celui de l'Angleterre méritent d'être suivis en France.

« Je n'hésite donc pas à vous répondre que je prépare et que j'espère déposer prochainement une proposition de loi tendant à compléter l'article 414 du Code pénal.

« Veuillez être l'interprète de mes sentiments auprès de MM. Dumez, Duquesne et Lotte, et agréez, monsieur Degueselle, la cordiale expression de mon meilleur souvenir.

                                        « C. Groussau. »

Quelques jours après nous recevions cette seconde lettre :

Paris, le 22 février 1903.

M. DEQUESELLE, *seorétaire général de la Fédération
syndicale à Tourcoing.*

« J'ai déposé hier une proposition de loi tendant,
ainsi que vous le désiriez, à assurer une protection
plus complète de la liberté du travail. Quand elle sera
imprimée, je me ferai un plaisir de vous en adresser
plusieurs exemplaires. Je demande qu'il soit ajouté à
l'article 414 du Code pénal les mots suivants : *Soit par
des rassemblements, cortèges, reconduites ou autres procédés
constituant des actes d'intimidation.*

« Mon meilleur souvenir pour vous et autour de
vous.

« C. GROUSSAU. »

M. Jaurès promet; M. Groussau agit, qu'il en soit
ici publiquement remercié par les ouvriers.

CHAPITRE IX

Un attentat contre Biétry. — La préméditation. — Provocations anarchistes et révolutionnaires. — L'assaut du local des Jaunes. — Un téléphone récalcitrant. — Dame police absente. — Drame au revolver. — « Vous êtes des bandits! » — Réunion triomphale. — L'enquête judiciaire. — Les responsabilités.

Le 8 juillet 1906, sur la proposition d'un syndiqué, notre assemblée générale décida qu'une invitation serait adressée à M. Pierre Biétry, président de la fédération nationale des Jaunes de France, pour une prochaine réunion.

Immédiatement notre invitation fut acceptée, et peu après la conférence fut fixée au 4 novembre.

Voulant éviter à notre hôte toute attaque révolutionnaire, le conseil fédéral prit tous les moyens en son pouvoir afin de déjouer les attaques dont le chef des Jaunes fut victime à *Nantes, Lyon* et *Cherbourg*.

Dans ce but, pour rendre impossible la fabrication de fausses cartes, nous avions fait imprimer en lithographie, comme fond de nos invitations, un dessin jaune très compliqué dont nous avons la propriété; de plus, chaque convocation était revêtue du timbre du bureau central de la fédération.

Les hommes du contrôle d'entrée avaient reçu des instructions, afin qu'en aucun cas personne ne sortît de la maison. Nous voulions ainsi éviter toute manifestation extérieure, car la presse anarchiste, socialiste et révolutionnaire avait publié, les samedi 3 et dimanche 4, l'entrefilet suivant :

Le Chef des Jaunes.

Biétry vient à Tourcoing dimanche, 4 novembre, faire une conférence privée dans la salle de la rue du Sentier (1); le chef des Jaunes trouvera ce jour-là, à quatre heures, tous les travailleurs qui lui crieront tout leur mépris et toute leur haine.

Les précautions que nous avions prises n'étaient donc pas inutiles, ni provocatrices, et nous pouvions nous attendre à un coup de force.

Seule *Dame police* qui, comme nous, connaissait les dispositions de cette bande à tout faire, était absente.

Ceci dit, le 4 novembre, à quatre heures, la porte est ouverte, chacun est à son poste. Les syndiqués et les invités commencent à entrer. Quelques apaches socialo-révolutionnaires tentent de se faufiler avec les autres, mais la consigne est sévère, on n'entre pas sans carte.

Les trouble-fête changent de tactique; ils se massent devant la porte, entonnent une chanson : *Les toutous des patrons*, qui traduit bien la mentalité de son auteur et de ceux qui la chantent. Ces injures, *en musique*, ont

(1) Quoique notre salle soit située rue des Ursulines, elle est vulgairement désignée sous le nom de rue du Sentier, parce qu'à sa fondation cette partie de la rue des Ursulines se nommait rue du Sentier.

tout au plus le don de faire sourire et hausser les
épaules à nos amis qui entrent toujours.

N'arrivant pas à leur but, les *socialo-anarchistes* commencent à injurier et jeter de la boue à ceux qui
arrivent sans que ceux-ci se préoccupent davantage de
cette bande d'énergumènes.

Ce mépris et surtout la continuité avec laquelle les
invités arrivaient eurent le don de les mettre en fureur;
ils en viennent aux *voies de fait*.

Un homme d'environ soixante-dix ans, *M. Victor
Cousu*, ouvrier tisserand, doyen du conseil municipal
de Roubaix et président de la Fédération roubai-
sienne (1), s'étant approché de l'entrée, reçoit un
soufflet.

Ordre est donné de fermer la porte et de se garantir
contre toute attaque.

Une poussée se produit au cours de laquelle plusieurs
syndiqués reçoivent quelques coups de poing; on par-
vient à accrocher la chaîne de sûreté.

Le chef du groupe anarchiste arrive alors avec du
renfort et commence l'attaque de la porte.

On essaie de tenir bon, pendant que l'un des nôtres,
qui depuis cinq minutes au moins est au téléphone,
ne peut obtenir réponse du bureau central.

Sous la poussée sauvage de l'extérieur, la porte
cède, la chaîne de sûreté qui la maintenait s'étant
brisée, et les bandits se précipitent dans le couloir. Là,
une autre résistance les attendait. Un Jaune, *Théophile
Pensaert*, est assommé d'un coup de casse-tête; des coups
de feu retentissent de part et d'autre, les Jaunes veulent
défendre leur domicile violé; les débris de quelques

---

(1) Union des Syndicats indépendants de Roubaix.

LES DÉGATS SOCIALO-ANARCHISTES DU 4 NOVEMBRE

chaises brisées armaient leurs bras pour repousser les assaillants. Pendant ce temps-là, on cherche toujours à téléphoner, toujours le bureau central s'obstine à ne pas répondre. Enfin, nous arrivons à repousser l'invasion et à refermer la porte.

Furieux de ce premier échec, les anarchistes décrochent les persiennes de la maison du voisin, et s'en servent comme de bélier pour enfoncer nos fenêtres; les persiennes volent en éclats, les carreaux sont enfoncés et les projectiles arrivent drus comme grêle dans les bureaux.

On se défend sans faiblir pendant que sous cette grêle on obtient enfin une communication téléphonique.

Est-ce le bureau central? Non.

C'est un abonné qui nous téléphone pour nous demander quelques renseignements qui l'intéressent, absolument étrangers à ce qui nous occupe en ce moment; nous le prions d'aviser *la police*, en disant que depuis quinze minutes au moins nous demandons la communication.

Pendant que la défense est organisée contre l'invasion des bureaux, la porte cède à nouveau; cette fois c'est la serrure qui s'est brisée.

Nouvelle bagarre sous le porche, nouveaux coups de feu; nos hommes s'énervent et veulent sortir pour balayer la rue.

Nous nous opposons à toute sortie. Un homme est posté à la porte donnant sur la cour, nous défendons à qui que ce soit de sortir, nous voulons rester dans notre droit sur notre terrain, et éviter qu'une sortie imprudente puisse permettre de dénaturer nos intentions; heureusement nous sommes écoutés.

Enfin... voilà la police!

On fait circuler de part et d'autre; les blessés sont pansés; on dit qu'un anarchiste a reçu une balle : « Fallait pas qui s'y frotte », après le bris de clôture, l'invasion de notre domicile à main armée et l'attentat contre un des nôtres, il n'a eu que ce qu'il méritait.

Quelques groupes parviennent à entrer sous les injures et les outrages des révolutionnaires maintenus par la police qui, bientôt, se trouve débordée.

Le commissaire *Rougeron* ordonne de fermer les portes, il nous est donc interdit de recevoir nos invités; de temps à autre des projectiles arrivent dans les bureaux par les trous des persiennes enfoncées.

Ceux qui durant nos grèves politiques ont vu les ignobles reconduites dont nous avons parlé devant la commission d'enquête, les maisons mises à sac par l'organisation rouge, parce que nos camarades voulaient affirmer leur droit à la liberté du travail, ont retrouvé dans cette bande de pillards les mêmes figures sinistres, la même manière de procéder et, faut-il le dire, la même ligne de conduite chez la police.

L'heure à laquelle nous voulons commencer notre réunion était arrivée, nous allons entr'ouvrir la porte, afin de poser au commissaire une simple question.

A notre appel, M. *Rougeron,* commissaire de police, arrive :

— *Monsieur le commissaire, nous allons commencer notre réunion, pouvez-vous me garantir les bureaux contre le pillage, pendant que nous serons dans la salle du fond?*

Sa réponse textuelle fut celle-ci :

— *Fermez la porte, nom de D..., vous êtes des bandits!*

Cette réponse, articulée d'un timbre de voix sauvage, a parfaitement donné la note aux assaillants qui ont compris que la police n'était là que parce qu'elle ne pouvait faire autrement.

Nous demandons une vingtaine de volontaires pour garder les bureaux, afin d'empêcher toute nouvelle invasion. Ce service organisé, et chacun ayant pris son poste, la réunion commence.

La place nous manque pour donner ici même un compte rendu analytique de cette conférence superbe devant un auditoire nombreux qui s'y était rendu, bravant toutes les difficultés pour y arriver.

C'est avec un enthousiasme indescriptible que l'arrivée du bureau et de M. Biétry est saluée par les plus chaleureuses acclamations.

M. le président de la Fédération a souhaité la bienvenue à l'orateur. Le secrétaire lit son rapport obligatoire aux assemblées générales, et le président de l'Union fédérale de filature, au nom de la fédération tourquennoise, présente des projets de lois qui intéressent les travailleurs.

La parole est à M. Biétry. Le président des Jaunes donne les grandes lignes de son programme et ses applications : l'accession dn travailleur à la propriété, il prouve que la propriété individuelle du travailleur est le seul garant de sa liberté, il démontre que le seul moyen pour l'ouvrier de conquérir son indépendance est de posséder.

Il compare les deux théories : celle du socialisme qui tend à tout mettre entre les mains d'un État irresponsable, et à faire des travailleurs des esclaves, et la théorie jaune qui tend, sans la mainmise de l'État, à rendre l'ouvrier toujours plus libre en le rendant toujours de plus en plus propriétaire.

Cette conférence soulève les applaudissements unanimes de toute l'assemblée, et la séance est levée au chant d'un chaleureux *vivat* à Biétry et à la Fédération nationale. .

Les incidents de la journée ont eu, dans la soirée, certaines répercussions.

Dame police, que, depuis quelque temps, la presse a pu accuser non sans vraisemblance de témoigner aux apaches une inexplicable bienveillance, semble vouloir nous faire passer pour des provocateurs, nous, les paisibles jaunes qui avons organisé une réunion privée à laquelle assistaient plus de six cents personnes, et si calme qu'il n'y fut fait aucun usage de la sonnette.

N'est il pas étrange qu'aucun des apaches assaillants n'ait été arrêté le soir même, tandis qu'on arrêtait plusieurs de nos amis au sortir de la réunion, comme si l'on voulait avoir moyen de les fouiller et de trouver ainsi prétexte à les poursuivre, tandis qu'on laissait aux agresseurs tout le temps de reporter tranquillement chez eux les armes de toutes sortes dont ils étaient certainement porteurs, les faits l'ont démontré. Il est vrai que l'on a retrouvé ces mêmes apaches dans toutes les circonstances où sous l'œil bienveillant de la police il s'est agi de manifester contre les honnêtes gens.

L'enquête de M. le commissaire à ce sujet est bien dans la note. Lundi matin, 5 novembre, M. *Rougeron*, arrivant sur les lieux pour la constatation des dégâts, nous demande si nous portons plainte, ajoutant que les blessés atteints de coups de revolver se refusent à porter plainte, comme si dans un pareil attentat où il y a eu bris de clôture, *violation de domicile à main armée*, une plainte des victimes était nécessaire pour mettre en branle *dame justice*, qui a le devoir d'assurer la sécurité de tous les citoyens. Faudrait-il donc, pour poursuivre les assassins, que les morts assassinés viennent eux-mêmes porter plainte?

La presse radicale et révolutionnaire semble de parti pris avoir voulu dénaturer les faits. Il y eut bagarre organisée par leurs amis, ils osent nous dire : « *Vous avez annoncé votre réunion, donc c'est une excitation.* » On veut égarer l'opinion et exciter les passions révolutionnaires contre la personne de Pierre Biétry. Pour cela, on a recours à la plume d'un traître qui fut l'espion des jaunes et qui, maintenant, dépense plus que ses appointements à répandre des mensonges contre celui dont il faisait le plus grand éloge il y a bien peu de temps; c'est un vendu qui sert la cause des adversaires du peuple. Où trouve-t-il donc de l'argent?

N'est-il pas étrange que cette presse ait bénéficié d'indiscrétions coupables? Un fait le prouve : la publication truquée d'une partie de la déposition de M. Degueselle portant plainte à M. le commissaire Rougeron, par *l'Égalité* portant la date du 6 novembre :

« M. Rougeron a continué pendant toute la journée
« de lundi son enquête concernant la bagarre san-
« glante de la rue des Ursulines.

« Il a entendu M. Ernest Degueselle, gérant de la
« Maison des Œuvres. Ce dernier a déclaré formelle-
« ment que les bris de volets et de carréaux de la
« Maison des Œuvres n'avaient été commis qu'après
« que les coups de revolver avaient été tirés. »

Il est évident que, par cette manière d'exposer les faits, *l'Égalité*, qui a le cœur très tendre pour les apaches, voudrait faire croire que la responsabilité des dégâts nous incombe et que les excitations viennent de nous, quand nous n'avons fait que nous défendre. D'ailleurs voici le texte de la lettre que M. Degueselle.a sommé *l'Égalité* de reproduire, afin de remettre les choses au point.

Tourcoing, le 6 novembre 1906.

Monsieur le gérant de l'Égalité,

Vous avez inscrit mon nom dans votre journal portant la date du 6 novembre, dans un article intitulé : « *La bagarre sanglante de la rue des Ursulines;* » *par ce fait, vous m'avez donné droit à une réponse, j'en use, et vous sommerai, au besoin, si vous vous y refusiez.*

Vous dites : Que j'ai déclaré formellement que les bris de volets et de carreaux ont eu lieu après des coups de revolver tirés. Je maintiens ce que j'ai dit, je n'ai pas déclaré d'où étaient partis les coups : un témoin irrécusable va vous l'indiquer, ma porte, d'après les traces de balles qu'on y remarque, fait voir que des coups de revolver ont été tirés du dehors.

Un fait est établi, aucun coup d'arme à feu n'est parti de chez moi, avant la tentative d'assassinat commise sur la personne de Théophile Pensaert et cette tentative a eu lieu dans le couloir de ma maison, par des forcenés qui en avaient forcé l'entrée, après avoir brisé la serrure de ma porte et la chaîne de sûreté qui la maintenait.

Je vous salue.

E. DEGUESELLE.

Ce journal, ami de la vérité, insérait dans son numéro du 9 novembre la note suivante :

« *A propos des bagarres.*

« Nous recevons de M. Degueselle, à propos des
« bagarres de Tourcoing dont nous avons parlé der-

« nièrement, une lettre qui voudrait être insolente.
« Une enquête étant ouverte par la justice, nous
« laissons à cette dernière le soin de retrouver les res-
« ponsabilités. »

***

Le même jour, M. Degueselle a fait audit journal
sommation par huissier d'avoir à insérer sa lettre.

Qu'elle est jolie, l'impartialité des organes socialistes !

Enfin, le samedi 10 novembre, la lettre est insérée
de fort mauvaise grâce, car elle est suivie de ce com-
mentaire :

« N. D. L. R. — Pour avoir l'insertion de cette soi-
« disant rectification, le nommé Degueselle a payé
« 13 fr. 60 à l'huissier Delannoy! Ça prouve que les
« jaunes ne sont pas sans le sou. »

Et cela nous prouve également que l'*Égalité*, toujours
de mauvaise foi comme toute la presse socialiste, ne
consent à insérer les rectifications que lorsqu'elle
craint la correctionnelle.

Le même jour, on placarde sur les murs un appel
aux travailleurs les invitant à une conférence contre
les Jaunes assassins.

C'est la preuve bien établie de ce que nous avan-
cions plus haut.

Quelles sont les raisons de la fureur socialo-anarchiste
contre nous? Sont-ce des questions de personnes?
Nous ne le pensons pas. Sont-ce des questions de doc-
trine? Peut-être!!

La raison qui nous semble la plus rationnelle, c'est
que le programme jaune, qui tend à l'accession à la

propriété, empêche l'exploitation continuelle de la
naïveté du peuple par la bande socialo-anarchiste qui
vit d'intrigues et de mensonges, en exploitant toujours
les travailleurs qui l'écoutent.

C'était un piège trop grossier; on espérait que les
Jaunes se seraient servi des mêmes moyens et qu'alors
on aurait eu excuse de les coffrer. Mais personne ne
s'y rendit, et nous croyons intéressant de reproduire
l'impression d'un journal local.

« Chez les anarchistes.

« Tous les travailleurs » étaient invités, dimanche,
« par une profusion d'affiches timbrées à 18 centimes
« — ce qui prouve que les compagnons ont de l'argent
« — à une réunion contre les « Jaunes assassins »!!!
« Rien ne pouvait révéler aux travailleurs qu'il
« s'agissait d'une réunion anarchiste; mais les tra-
« vailleurs de Tourcoing ont du « flair » et ils éven-
« tèrent le piège. « Tous les travailleurs » présents à
« la parlotte étaient environ cinquante parmi lesquels
« dix à peine sont connus pour travailler quelquefois.
« Si nous parlons de cette réunion c'est pour faire
« ressortir que, cette fois, la police avait pris ses pré-
« cautions. M. Rougeron, commissaire de police, et
« une forte brigade d'agents ont monté la garde devant
« la salle où péroraient les compagnons, depuis quatre
« heures de l'après-midi jusqu'à sept heures et demie
« du soir.
« Les anarchistes étaient bien protégés.
« Les paisibles braves gens qui se réunirent, le di-
« manche 4 novembre 1906, à la Maison des OEuvres,
« n'eurent pas ce bonheur.

« Il semble que le monde est renversé : les ennemis
« de la société sont l'objet de toutes les prévenances,
« tandis que ces mêmes ennemis de la société peuvent
« impunément faire l'assaut d'une maison et assommer
« les vrais ouvriers, qui s'y trouvent chez eux. »

*
* *

Nous voulons un peuple *composé d'individus libres,* et
pour obtenir ce résultat, nous voulons arriver à ce que
chacun puisse *posséder individuellement,* tandis que la
pieuvre socialo-révolutionnaire veut un peuple d'esclaves qui puisse être facilement exploité au profit
personnel de ceux qui dirigent le mouvement. Pour y
arriver, elle prêche l'expropriation afin d'aboutir à la
possession collective qui ne sera la *possession de personne*
parce qu'elle sera la possession de tous, car tous nous
possédons déjà collectivement à titre de *Français,* le *Palais-
Bourbon,* le *Luxembourg* et toutes les propriétés d'État,
sans que ces propriétés nous rapportent autre chose
que les *frais à payer* pour leur entretien. Il en est de
même pour les propriétés communales relativement
aux habitants des communes.

Cette théorie collectiviste est exploitée par les *jouis-
seurs qui s'engraissent au détriment du peuple* qu'ils exploitent en le conduisant à un esclavage certain, avec le
secret espoir d'être demain au nombre des dirigeants
dans la société collectiviste et d'arriver ainsi à vivre
grassement du produit du travail d'un peuple asservi.

Les agitateurs révolutionnaires sont les meilleurs
auxiliaires des *gros agioteurs* qui drainent la richesse
du pays et s'en servent pour rendre le peuple toujours
plus malheureux.

14

C'est le capital agioteur associé aux sangsues de l'État qui excite, contre le capital du travail, le peuple qu'il trompe par ses manœuvres, sans que celui-ci s'aperçoive qu'il est la première victime.

C'est parce que les Jaunes découvrent cette plaie hideuse de la société, qu'ils sont en butte aux vexations des bandes de pillards à la solde des plus grands exploiteurs du peuple, *les millionnaires agioteurs,* grands patrons des organes socialistes et révolutionnaires.

CONCLUSION

Ami lecteur, maintenant, vous connaissez notre œuvre, c'est bien l'étude et la défense de nos intérêts professionnels.

Jamais les persécutions ne nous ont fait reculer, nous sommes des hommes de conviction, persuadés que nous défendons notre pain et celui de nos enfants.

Indépendants, nous tendons la main à tout groupement décidé à combattre les deux grands ennemis de la classe ouvrière : *le Socialisme* et *l'Étatisme*, mais sans nous lier à aucun.

Au nom de nos camarades, nous vous le demandons, aidez-nous à faire aboutir les grandes réformes ouvrières attendues depuis si longtemps.

La loi sur les Conseils du travail, votée depuis plusieurs années au Sénat, dort dans les cartons de la Chambre. Que d'urgence, elle soit discutée, votée, et qu'on y introduise la représentation proportionnelle.

La loi dite des retraites ouvrières, votée par l'ancienne Chambre des députés, ne peut donner de résultats satisfaisants. Nous voulons un fonctionnement rapide, nous refusons de verser notre argent dans les caisses de l'État, mauvais administrateur, qui se servirait de nos économies pour boucher les trous de sa caisse.

Nous voulons des caisses régionales administrées par nous. Avec l'argent de ces caisses nous créerons des sociétés, *banques populaires, crédits ouvriers, crédits agricoles, maisons ouvrières.*

Nous voulons que, par tous les moyens, on favorise l'accession des ouvriers à la propriété.

Nous demandons une sage réglementation du droit de grève, mais nous sommes opposés à la grève obligatoire.

Nous sommes partisans de la liberté complète de l'individu et voulons le respect du droit de travailler pour un seul ouvrier qui juge bon de le faire, dans la même mesure que nous voulons le droit de grève pour les ouvriers coalisés, en vue de faire aboutir de justes revendications.

Nous réclamons pour les syndicats professionnels la faculté de posséder sans délimitation. La réglementation des heures de travail par corporation, régions et métiers, après avoir consulté les intéressés. Nous ne cesserons pas de réclamer une diminution d'impôts sur les objets de consommation de première nécessité; sans cela, il nous deviendra de plus en plus difficile de vivre avec notre salaire.

Enfin, la grande réforme que par la presse, par nos conférences, par nos revendications dans les congrès et devant la commission d'enquête parlementaire, nous n'avons cessé de réclamer, c'est le rétablissement de la *liberté du travail.*

En un mot, nous avons entrepris la défense de tous les intérêts des travailleurs, parce que ces intérêts sont les nôtres et que les réformes ne s'obtiennent que par l'action des masses. Voici ce que nous avons fait jusqu'ici; toujours nous voulons rester fidèles à notre programme, que nous résumons en un mot :

AGIR.

TABLE DES MATIÈRES

CHAPITRE IV

COMMENT S'EST ÉLABORÉ NOTRE PROGRAMME

DEUXIÈME PARTIE

CHAPITRE PREMIER

LES CONFLITS DU TRAVAIL

CHAPITRE II

LES CONSEILS DU TRAVAIL

CHAPITRE III

LES RETRAITES OUVRIÈRES

CHAPITRE IV

LA RÉDUCTION DES HEURES DE TRAVAIL

PARIS

TYPOGRAPHIE PLON-NOURRIT ET Cie

Rue Garancière, 8

A LA MÊME LIBRAIRIE

PARIS. — TYP. PLON-NOURRIT ET Cie, 8, RUE GARANCIÈRE. — 8945.

www.ingramcontent.com/pod-product-compliance
Lightning Source LLC
Chambersburg PA
CBHW070759270326
41927CB00010B/2202